本书成果系国家社科基金项目："印度瑜伽派哲学研究"
项目批准号：14BZX062

《瑜伽经》直译精解

[古印度]帕坦伽利　著
王志成　译注

四川人民出版社

图书在版编目（CIP）数据

《瑜伽经》直译精解 / (古印度) 帕坦伽利著；王志成译注. —成都：四川人民出版社，2019.6（2023.11重印）
（瑜伽文库）
ISBN 978-7-220-11293-5

Ⅰ. ①瑜… Ⅱ. ①帕… ②王… Ⅲ. ①瑜伽派—研究
Ⅳ. ①B351.2

中国版本图书馆CIP数据核字（2019）第055129号

YUJIAJING ZHIYI JINGJIE

《瑜伽经》直译精解

（古印度）帕坦伽利　著　　王志成　译注

责任编辑	陈　涛
封面设计	肖　洁
版式设计	戴雨虹
责任校对	舒晓利
责任印制	周　奇
出版发行	四川人民出版社（成都三色路238号）
网　　址	http://www.scpph.com
E-mail	scrmcbs@sina.com
新浪微博	@四川人民出版社
微信公众号	四川人民出版社
发行部业务电话	（028）86361653　86361656
防盗版举报电话	（028）86361653
照　　排	四川胜翔数码印务设计有限公司
印　　刷	成都东江印务有限公司
成品尺寸	130mm × 185mm
印　　张	11.375
字　　数	170千
版　　次	2019年6月第1版
印　　次	2023年11月第5次印刷
书　　号	ISBN 978-7-220-11293-5
定　　价	58.00元

帕坦伽利像

『瑜伽文库』编委会

瑜伽文库
YOGA LIBRARY

主　编　王志成

编　委

陈俏娥	陈　思	曹　政
陈　涛	方　桢	富　瑜
高光勃	何朝霞	蔺三宝
科　雯	Ranjay	灵　海
刘从容	刘韦彤	路　芳
迷　罗	沙　金	顺　颐
宋光明	王保萍	王东旭
闻　中	吴　聪	吴均芳
吴铭爵	尹　岩	张新樟
朱彩红	周昀洛	朱泰余

“瑜伽文库”总序

古人云：观乎天文，以察时变；观乎人文，以化成天下。人之为人，其要旨皆在契入此间天人之化机，助成参赞化育之奇功。在恒道中悟变道，在变道中参常则，“人”与“天”相资为用，相机而行。时时损益且鼎革之，此存“文化”演变之大义。

中华文明源远流长，含摄深广，在悠悠之历史长河，不断摄入其他文明的诸多资源，并将其融会贯通，从而返本开新、发闳扬光，所有异质元素，俱成为中华文明不可分割的组成部分。古有印度佛教文明的传入，并实现了中国化，成为华夏文明整体的一个有机组成部分。近代以降，西学东渐，一俟传入，也同样融筑为我们文明的固有部分，唯其过程尚在持续之中。尤其是20世纪初，马克思主义传入中国，并迅速实现中国化，推进了中国社会的巨大变革……

任何一种文化的传入，最基础的工作就是该文化的经典文本之传入。因为不同文化往往是基于不同的语言，故文本传入就意味着文本的翻译。没有文本之翻译，文化的传入就难以为继，无法真正兑现为精神之力。佛教在中国的扎根，需要很多因缘，而前后持续近千年的佛经翻译具有特别重要的意义。没有佛经的翻译，佛教在中国的传播就几乎不可想象。

随着中国经济、文化之发展，随着中国全面参与到人类命运共同体之中，中国越来越需要了解更多的其他文化，需要一种与时俱进的文化心量与文化态度，这种态度必含有一种开放的历史态度、现实态度和面向未来的态度。

人们曾注意到，在公元前8世纪至前2世纪，在地球不同区域都出现过人类智慧大爆发，这一时期被德国哲学家卡尔·雅斯佩斯（Karl Jaspers）称为“轴心时代”（Axial Age）。这一时期所形成的文明影响了之后人类社会2000余年，并继续影响着我们生活的方方面面。随着人文主义、新技术的发展，随着全球化的推进，人们开始意识到我们正进入“第二轴心时代”（the Second Axial Age）。但对于我们是否已经完全进入一个新的时代，学者们持有不同的意见。英国著名思想家凯伦·阿姆斯特朗（Karen Armstrong）认为，我们正进入第二轴心时代，但我们还没有形成第二轴心时代的价值观，我们还需要依赖第一轴心时代之精神遗产。全球化给我们带来诸多便利，但也带来很多矛盾和张力，甚至冲突。这些冲突一时难以化解，故此，我们还需要继续消化轴心时代的精神财富。在这一意义上，我们需要在新的处境下重新审视轴心文明丰富的精神遗产。此一行动，必是富有意义的，也是刻不容缓的。

在这一崭新的背景之下，我们从一个中国人的角度理解到：第一，中国古典时期的轴心文明，是地球上曾经出现的全球范围的轴心文明的一个有机组成部分；第二，历史上的轴心文明相对独立，缺乏彼此的互动与交融；第三，在全球化视域下不同文明之间的彼此互动与融合必会加强和加深；第四，第二轴心时代文明不可能凭空出现，而必具备历史之继承和发展性，并在诸文明的互动和交融中发生质的突破和提升。这种提升之结果，很可能就构成了第二轴心时代文明之重要资源与有机部分。

简言之，由于我们尚处在第二轴心文明的萌发期和创造期，一切都还显得幽暗和不确定。从中国人的角度看，我们可以来一次更大的觉醒，主动地为新文明的发展提供自己的劳作，贡献自己的理解。考虑到我们自身的特点，我们认为，极有必要继续引进和吸收印度正统的瑜伽文化和吠檀多典籍，并努力在引进的基础上，与中国固有的传统文化，甚至与尚在涌动之中的当下文化彼此互勘、参照和接轨，努力让印度的古老文化可以服务于中国当代的新文化建设，并最终可以服务于人类第二轴心时代文明之发展，此正所谓“同归而殊途，一致而百虑”。基于这样朴素的认识，我们希望在这些方面做一些翻译、注释和研究工作，出版瑜伽文化和吠檀多典籍就是其中的一部分，这就是我们组织出版这套“瑜伽文库”的初衷。

由于我们经验不足，只能在实践中不断累积行动智慧，以慢慢推进这项工作。所以，我们希望得到社会各界和各方朋友的支持，并期待与各界朋友有不同形式的合作与互动。

“瑜伽文库”编委会

2013年5月

目录

《瑜伽经》 直译精解

001 — 序　言

003 — 《瑜伽经》提要

001 — 第一章　三摩地篇

097 — 第二章　修习篇

191 — 第三章　力量篇

267 — 第四章　解脱篇

313 — 附录1　《瑜伽经》（全文）

328 — 附录2　瑜伽常用词汇

338 — 后　记

序言

帕坦伽利《瑜伽经》是瑜伽人的根本经典，但要充分用好这部经典，则需要大智慧。历史上，人们曾经从不同的角度去阐释《瑜伽经》，彼此间的理解差异也较大。

读者手上的这部作品是笔者长期研究的结晶，注入了大量的时间、精力和身心的实践。在这部作品中，笔者搁置了若干理论的争议，从文本出发，实事求是，直抵《瑜伽经》的核心。相信广大的读者和瑜伽人有自己的理解和判断。

在长期的研究和实践中，我们发现《瑜伽经》是一部非常特别的生命管理学著作。生命珍贵，如何管理好生命更珍贵。我们一般谈管理，主要涉及组织等，但往往忽视了生命这一最为珍贵的存在本身。在帕坦伽利看来，我们要珍视生命，并通过管理生命达成生命的自我转化，实现生命的终极自由。

帕坦伽利是吠陀仙人，他的生命管理学隶属于吠陀管理学。他的《瑜伽经》是一部教导我们如何在有限的时间内达成人的圆满的生命管理学经典。在这部不朽的经典中，他为我们的生命管理提供了一套完整的管理模式，即瑜伽八支模式。通过瑜伽八支模式的实践，终能达成瑜伽的目标。

简言之，瑜伽修习就是瑜伽的生命管理。生命管理大体上可以分为身体层、心意层和心灵层。这三层的管理彼此联结。作为个体生命的我们，要在这世上活得真实、活得精彩，就需要科学有效地管理我们自身的生命。《瑜伽经》是帕坦伽利给予我们众生的生命管理之秘籍。希望这一新的翻译和注释可以帮助广大读者以及瑜伽人获得生命管理的智慧。

《瑜伽经》提要

第一章	三摩地篇
经文章节	主题
1–4	瑜伽的定义
5–11	心的五种波动：正知、谬误、想象、睡眠和记忆，可能的效果（痛苦或不痛苦）
12–14	约束心的波动的方法：修习
15–16	不执的效果（有意识的不执） 最大的不执是认识原人（普鲁沙）
17–18	两类三摩地：有智三摩地和无智三摩地
19	实现三摩地的不同可能
20	达成三摩地的手段：信、力、念、慧
21–23	什么人可以达成三摩地
24–28	确立自在天原则：特殊存在、知识无限、导师的导师、超越时间、Om 表达

续表

29	觉知向内，消除障碍
30–31	散乱源头：心的外在化 散乱特点：悲伤、失望、身体颤抖、呼吸不匀
32–39	消除散乱的 7 种方法或真理
40	心理力量及其限制
41	三元组：认知者、认知、认知对象
42	有寻三摩地
43	无寻三摩地
44	有伺三摩地、无伺三摩地
45–46	细微对象扩展到无显现状态的阶段
47–48	无伺三摩地的状态 / 特征
49	经验知识不同于（三摩地中的）直觉知识
50	有种三摩地
51	无种三摩地

第二章	修习篇
经文章节	主题
1	克里亚瑜伽：苦行、自我研习、顺从自在天
2	克里亚瑜伽的效果：削弱痛苦，走向解脱

续表

3–9	痛苦：无明、有我、贪恋、厌弃和惧怕死亡
10–11	消除痛苦的方法：分解还原、冥想
12–14	痛苦的后果
15	对于有分辨力的人，一切皆苦
16	未来的痛苦是可以避免的
17	痛苦的原因
18	什么是可经验的，经验对象的存在意义
19	三德四阶段：有特征、无特征、分化、未分化
20	见者
21–23	所见 三德呈现表象的目的
22	所见的对象
24	原人（普鲁沙）对自我的遗忘
25	消除无明
26–28	解决之道
29	瑜伽八支
30	禁制：不杀生、不说谎、不偷盗、不纵欲、不贪婪

续表

31	瑜伽士誓言
32	劝制：纯净、满足、苦行、自我研习、顺从自在天
33–34	处理消极思想；消极思想的后果
35–39	禁制的果实
40–45	劝制的果实
46–47	坐法
48	坐法的效果
49–51	调息
52–53	调息的效果
54–55	制感

第三章	力量篇
经文章节	主题
1–3	八支瑜伽的后三支：专注、冥想、三摩地（三支的合一叫专念）
4–6	专念
7–8	内在被视为外在

续表

9–16	目击更精微的转变：专念、专注特定脉轮、获得能力
17–37	专念带来的经验
38	和细微经验的关系
39–49	专念带来更多的成就
50–52	不执带来解脱
53–56	专念的终极力量

第四章	解脱篇
经文章节	主题
1	力量来源：出生、药物、曼陀罗、苦行、三摩地
2–3	只有潜在的才能显现
4–6	心（心意）
7–8	行动与业
9–12	潜在印迹、习性、业、欲望、时间等
13–14	对象和三德

续表

15–17 其中：16	觉知对象
	超越唯我论
18–21	心只是一个相对的工具 原人（普鲁沙），目击心的波动 心的照亮
22	自我觉知
23–25	心、习性
26	分辨
27–28	克服精神涣散
29–30	不执、法云三摩地
31	无限知识
32	三德不再陷入个体化的意识
33	时间理论
34	独存

॥ समाधिपादः ॥

Samādhi Pāda

第一章　三摩地篇

（凡51节经文）

本章主题

第一章三摩地篇共计51节经文，涉及以下主题：瑜伽定义、瑜伽目的、心的波动、修习和不执、有智三摩地和无智三摩地、获得三摩地经验的手段、自在天、唵、瑜伽修习中的障碍、平息心的方法、有种三摩地和无种三摩地。

अथ योगानुशासनम् ॥१॥

atha yogānuśāsanam //

atha yoga-anu-śāsanam //

atha-现在；yoga-瑜伽；anu-依循；śāsanam-指导，教导

现在开始我们的瑜伽教导。（1.1）

据说，Atha一词是一个曼陀罗，是一种期待神明加持的咒语，一般翻译成“现在”，表示弟子已经做好了学习的预备，导师已经准备好了瑜伽的教导。

Yoga一词含义众多。传统上有两种基本的理解：一个来自数论瑜伽传统，意思是“分离”，是原人（纯粹意识）和原质（自然）之间的分离。另一个来自吠檀多传统，意思是“联结”“合一”。当下大多数瑜伽士或者瑜伽习练者谈论的瑜伽是“联结”“合一”之意。但我们需要清楚，在帕坦伽利这里，瑜伽并不是“联结”“合一”，而是“分离”。这是基于数论哲学和吠檀多哲学的核心差异而带来的不同理解。不过，这种不同理解并不影响瑜伽形式上的练习，尤其是体位练习和调息练习。

瑜伽的形式多种多样，要看我们依据哪个规则去划分。在辨喜那里，瑜伽主要有四种，即胜王瑜伽、行动瑜

伽、智慧瑜伽和虔信瑜伽。如今，人们喜欢在辨喜划分的这一系统后添加一些瑜伽，如昆达里尼瑜伽、哈达瑜伽、曼陀罗瑜伽等。

传统上帕坦伽利瑜伽被视为胜王瑜伽，但也有瑜伽学者以及瑜伽士认为这个理解并不科学。我们不介入这一争论，还是依循传统的说法，把《瑜伽经》中的瑜伽视为胜王瑜伽。这一瑜伽，因为突出了阿斯汤迦（八支），所以也叫阿斯汤迦瑜伽。需要注意的是，当代流行的阿斯汤迦瑜伽属于哈达瑜伽的一种形式，和帕坦伽利的“阿斯汤迦瑜伽”有较大的差异。

瑜伽本质上是一种“修道”方式，是通过身体去“探险”，即通过身体去追问、去收获最高的真理。仙人毗耶娑（Vyāsa）说，瑜伽就是三摩地。可以说，他是至高纲领主义的，开头就明确了瑜伽的最高目标和终极目的，而其他的一切要么不是“瑜伽”，要么是为了真正的“瑜伽”所做的预备。今日人们对瑜伽的理解和传统已经有了很大差异，或者说人们修习瑜伽有了非常不同的目的。

Śāsanam这个词我们要稍作解释。这个词的基本意思是“指导”“教导”，也就是说，帕坦伽利开头就告诉大家，他给大家的是某种“指导”“教导”，即关于瑜伽的“指导”“教导”。从这一小细节处，我们也可以说，这本经典是关于瑜伽的“指导手册”，或者也可以说，是关于生命管理的“指导手册”，突出的是经典的实践性和方法上的指导性，其重点不在理论上的纠缠或者辨析。

瑜伽是生命的管理，是一种造就“新人”的“约束”之道。“新人”，就是那些通过瑜伽塑造成的健康、明白和喜乐的人，那些摆脱了二元性束缚的人，也可以说是觉悟的人、解脱的人、自在的人。人在转变成为“新人”的征途中需要各种“规范”“限制”，需要征服成长途中的各种“关卡”，需要各种必要的“约束”。人的成长会遇到种种“瓶颈”，这些“瓶颈”限制人的成长，要克服这些“瓶颈”，不让它们成为人的“主人”而“约束”“限制”人。为了征服这些“瓶颈”，瑜伽规范了种种特定、有效的“约束”之道。

योगश्चित्तवृत्तिनिरोधः ॥२॥

yogaścittavṛttinirodhaḥ //

yogaḥ-citta-vṛtti-nirodhaḥ //

yogaḥ-瑜伽；citta-心，心质，意识，心域，心地；vṛtti-波动，变形；nirodhaḥ-约束，抑制，控制

瑜伽是约束心的波动。（1.2）

这一节是对瑜伽的定义。这里有几个核心词，它们是citta，vṛtti，nirodhaḥ。在帕坦伽利这里，citta是一个很关键的词。他说，瑜伽就是约束或控制这个citta。这个citta指的是什么呢？根据数论哲学，citta就如一个场所，传统上翻译成“心质”，这里，为了便于大家使用，我们翻译成“心”。这个“心”包含三种功能：末那（心意）、菩提（智性）和我慢（私我）。末那，主要涉及感官功能；菩提，涉及心的分辨功能；我慢，就是私我。人能够感受痛苦和欢乐，就发生在我慢（私我）这个心的层面。正是这个心的我慢（私我）阻碍着我们觉知我们的真正身份即原人。种种的渴望、期待、愤怒、嫉妒、恐惧，等等，出现在我慢(私我)这里。瑜伽修习的核心点就是针对这个我慢（私我），也就是我们生命管理的难点，就是如何约束这

个我慢（私我）。人如果能征服我慢（私我）的消极面，如嫉妒、愤怒、恐惧等，而发挥出人的积极面，如欢乐、爱、慈悲、协作等，就可以把人从答磨和罗阇的生命状态转向萨埵的生命状态。

帕坦伽利用来描述心的基本活动的词就是vṛtti。Vṛtti的字面意思是旋转、转动、持续。一般翻译成“波动”。这里，心的波动包含思想波动、情绪波动，等等。不同的波动是心“理解”所遇到的不同的经验而生出的现象。心的波动可以发生在意识层（醒态）、潜意识层（梦态）以及无意识层（深眠态）。

Nirodhaḥ，约束、控制，这个词在瑜伽中具有特别重要的意义。修习瑜伽，就是在从事“约束”或“控制”。为何要“约束”呢？因为心的波动有些会带来问题，最大的问题是痛苦或烦恼。《瑜伽经》的出发点就是为了让人摆脱生命的痛苦而提供种种实践之法。所以，瑜伽也可以被视为生命管理中的“约束”艺术。

तदा द्रष्टुः स्वरूपेऽवस्थानम् ॥३॥

tadā draṣṭuḥ svarūpe'vasthānam //

tadā draṣṭuḥ svarūpe-avasthānam //

tadā-于是；draṣṭuḥ-见者，目击者，原人，真我；svarūpe-自身之本性中；avasthānam-安住，保持

（一旦约束了心的波动，）见者就安住在其自身的本性中。（1.3）

见者，就是摆脱了原质的原人（真我）。根据数论哲学，存在两个本原性的存在，即原人（puruṣa，真我，普鲁沙，神我）和原质（prakṛti，自然）。当原人摆脱了原质的束缚，就是存在的最完美状态。这时，原人处于其自身的圆满之态。帕坦伽利的瑜伽哲学实践就是要达至这一安住自然本性的状态。

帕坦伽利的《瑜伽经》可以被视为数论哲学的应用。他没有花费多少篇幅直接论述数论哲学。鉴于此，我们不时地需要补充一些内容。

वृत्तिसारूप्यमितरत्र ॥४॥

vṛttisārūpyamitaratra //

vṛtti-sārūpyam-itaratra //

vṛtti-波动，变形；sārūpyam-认同；itaratra-其他，在其他时候

不然，见者（依然）认同于心的波动。（1.4）

这一节经文是紧接着上一节说的，即，见者有两种状态，一种是上一节说的圆满的状态，即约束了心的波动而安住在其自身本性中的状态；若非，则是另外一种状态，即见者（原人）和所见（原质）相混、相认同的不圆满状态。

根据数论哲学，原质具有相应的“德”（guṇas，属性）。原质有三德，即萨埵（sattva，善良）、罗阇（rajas，激情）和答磨（tamas，愚昧）。三德处于平衡状态时候的原质也叫“未显”。三德失去平衡时，原质就显示为具体的对象。

由于三德不平衡，见者会认同心的波动，把自己认同于三德所呈现的种种表象。因为这种认同而陷入轮回性的生存之中。帕坦伽利的瑜伽之目的就是要摆脱这种认同。从生存论上说，瑜伽修习是一种“反演化”的过程，是一

种“逆演化”，是一种“退转”。也可以说是一种去除差异的过程。

वृत्तयः पञ्चतय्यः क्लिष्टाक्लिष्टाः ॥५॥

vṛttayaḥ pañcatayyaḥ kliṣṭākliṣṭāḥ //

vṛttayaḥ pañcatayyaḥ kliṣṭā-akliṣṭāḥ //

vṛttayaḥ-波动；**pañcatayyaḥ**-五种；**kliṣṭā**-痛苦的；**akliṣṭāḥ**-不痛苦的

心的波动有五种，有些是痛苦的，有些并不痛苦。（1.5）

只要原人和原质相结合，心的波动就是必然的。在三德不平衡的运动中，人无法完全避免心的波动。心的波动在现象界是一个常态。瑜伽修习是一种“反常态”，它要转变原人和原质相结合这一事实，是一种颠倒乾坤的“事业”。帕坦伽利说，心的波动有五种，这些波动，有些是痛苦的，有些并不痛苦。深入一步还可以知道，这五种波动都可能是痛苦的或不痛苦的。例如，梦就是心的一种波动状态。我们可能梦到愉悦的事，美梦给我们带来了欢乐，并不痛苦。但也可能做噩梦，恐怖的梦，就如鬼压床，它们带来痛苦和恐惧。

प्रमाणविपर्ययविकल्पनिद्रास्मृतयः ॥६॥

pramāṇaviparyayavikalpanidrāsmṛtayaḥ //

pramāṇa-viparyaya-vikalpa-nidrā-smṛtayaḥ //

pramāṇa-正知，正确的知识；viparyaya-谬误，错觉；vikalpa-想象，幻想，构想，概念化，分别知；nidrā-睡眠；smṛtayaḥ-记忆

它们分别是：正知、谬误、想象、睡眠和记忆。（1.6）

波动有五种，这五种波动涉及人的生理、心理和情绪、精神的不同状态。我们的知识来自心的波动。如果这个波动是基于事实的，就会带来正确的知识。否则，就不会带来正确的知识，而是其他类型的知识，如谬误、想象。瑜伽修习和这五种心的波动有什么关系呢？有人认为，瑜伽就是体位。如果把瑜伽简单地理解为体位，那么真和这里谈论的心的波动没什么关系。然而，深究下去，即便是体位也和心的波动有关。要做到科学有效的合适体位，就需要有关人体的正知，从健康的角度看，我们就需要了解人的体质知识。知道了人的体质，就可以更有效地采用对应的体位。这一正知属于阿育吠陀（āyurveda）领域的知识。

瑜伽的高级修习最终是要打破所有的心的波动而归于寂静。也就是说，瑜伽最高目标是要从这五种波动中撤出，或者不受任何心的波动的约束或控制，首先需要从痛苦的波动中撤出，其次需要从不痛苦的波动中撤出，摆脱三德的束缚，安住自我本性，即处于独存之中。

प्रत्यक्षानुमानागमाः प्रमाणानि ॥७॥

pratyakṣānumānāgamāḥ pramāṇāni //

pratyakṣa-anumāna-āgamāḥ pramāṇāni //

pratyakṣa-直接感觉，现量；anumāna-推论，比量；āgamāḥ-经典证言，圣言量；pramāṇāni-正知的来源，证实

正知的来源是直接感觉、推论和经典证言。（1.7）

知识来自心的波动。毗耶娑说："直接感觉是心受外界事物影响，以其为对象，通过感官渠道的活动，主要把握具有共同性和特殊性的对象的特殊性。结果是原人的觉知和心的波动的觉知没有区别。"① "推论是依据与推理对象同类者，排除与推理对象不同类者。"②经典证言就是"值得信任者用语言说明看到的或推理出的对象，将自己的觉知传达给别人"③。从这里我们看到，正知的获得

① 钵颠阇利著，黄宝生译：《瑜伽经》，北京：商务印书馆2016年，第7–8页。引文有修订。

② 钵颠阇利著，黄宝生译：《瑜伽经》，北京：商务印书馆2016年，第8页。引文有修订。

③ 钵颠阇利著，黄宝生译：《瑜伽经》，北京：商务印书馆2016年，第8页。引文有修订。

是基于认识和对象的符合，是基于经验的，或者在此基础上的合理推断，而经典证言则是圣人们把他们的直接感觉或合理的推断通过语言或者文字记录下来以便传授给他人的知识。古代印度，人们相信宏大的吠陀知识是天启的，是绝对正确的，它们属于经典证言。

विपर्ययो मिथ्याज्ञानमतद्रूपप्रतिष्ठम् ॥८॥

viparyayo mithyājñānamatadrūpapratiṣṭham //

viparyayaḥ mithyā-jñānam-atad-rūpa-pratiṣṭham //

viparyayaḥ-谬误；mithyā-错误的；jñānam-认识，知识；atadrūpa-不符合其形式（真相，实际状况）；pratiṣṭham-基于

谬误是基于错误的认识，并不符合事物或现象的真相。（1.8）

谬误和正知相对立。谬误虽然也是一种认识，却是不符合真相的知识。你看到海市蜃楼里有人、有水，但你无论如何都不可能碰到那人和水，因为这个海市蜃楼并不是真的。如果你认为这是真的，你就产生了一个谬误。

同样地，如果把路上看到的一条绳子，认作一条蛇，这就是谬误。日常生活中发生错误的认识即谬误十分常见。作为世俗人的存在，需要不断避免谬误，依靠正知生活。瑜伽士在世间也需要依靠正知，但他们最后还是要摆脱正知的限制，超越各种形式的波动，达到完全的自我约束，摆脱三德对人的干扰，安住在纯粹意识中，安住在原人之境中。

शब्दज्ञानानुपाती वस्तुशून्यो विकल्पः ॥९॥

śabdajñānānupātī vastuśūnyo vikalpaḥ //

śabda-jñāna-anupātī vastu-śūnyaḥ vikalpaḥ //

śabda-言辞，词，声音；jñāna-知识；anupātī-依据，根据，依循；vastu-实际存在的对象，实在之物；śūnyaḥ-无，空；vikalpaḥ-幻想，想象，概念化

想象是一种知识，它只依据言辞，脱离任何外在对象。（1.9）

言辞用于指称，但指称和实际不符合就成了想象，甚至妄想。我们生活在由种种言辞构成的世界里。我们很可能长时间处于和实在对象无关的世界里，就如一个人生活在游戏世界中一样。瑜伽修习，对有的人来说，会觉悟到世界只是名色的叠置。人们所处的世界都是虚假的，言辞所指向的对象并非实有，就如“石女之子”“空花王冠”“兔角之弓”“海市蜃楼”这些都不是实有之物，但我们有这样的言辞，此为想象。

韦达（Swami Veda）大师在这里发现了西方哲学中的解构主义思想。他说，法国哲学家德里达（Derrida）提出了著名的解构理论，事实上，在古代瑜伽派经典《瑜伽

经》中已经有了解构思想。语言涉及的日常对象本质上都不是实有的，例如，“我们现在这间房子墙中的砖也毫无真实可言，它是由黏土放在火中烧成的。黏土也不是真实的，是由一堆化学物质所构成。化学物质也是不真实的，是由分子所构成。分子也不真实，是由原子构成的，而原子又是由次原子粒子所构成，粒子也不真实，它是由能量所构成。所以，根本没有砖这样东西，是我们的感官被调教过了，是小时候我母亲告诉我，这个叫砖，所以我记住那是砖。既然砖不存在，那么这个砖所盖起来的房子也不存在。不存在的意思不是没有，而是说不是我们所见到的那种存在”①。

其实，明白这个道理，对于我们的瑜伽修习十分重要。我们如果执着于谬误，执着于那些不实之对象，则远离了我们的瑜伽目标。从生命管理的角度看，解构是一种减负，带来解放。在生命的自我管理中，我们需要时时注意给自己减负。

---

① 斯瓦米·韦达著，石宏译：《〈瑜伽经〉三摩地篇述要》，北京：中央编译出版社2017年，第71-72页。引文有修订。

अभावप्रत्ययालम्बना वृत्तिर्निद्रा ॥१०॥

abhāvapratyayālambanā vṛttirnidrā //

abhāva-pratyaya-ālambanā vṛttiḥ-nidrā //

abhāva-没有，缺，不在；pratyaya-心意内容，思想；ālambanā-支持，依赖；vṛttiḥ-波动；nidrā-睡眠

睡眠是缺乏思想内容支持的心的波动。（1.10）

这里的睡眠不是指浅眠，因为在浅眠状态，会做梦，所以那是梦态。这里指的是无梦的深眠态，没有主体和客体之别。《奥义书》说："入睡后，无所欲，无所梦，这是熟睡。熟睡状态，合为一体，智慧密集，充满欢喜，享受欢喜。"①

辨喜说，睡眠状态存在一定的心的波动，他说："在（心）湖中，每一个（心意的）反应都是湖里的一个波浪。如果在睡眠时心意没有任何波浪，那么它就不会拥有任何感知，无论是积极的还是消极的，因此，我们就不会记得这些感知。我们记得我们睡过觉的真正原因是，在睡

① 黄宝生译：《奥义书》，北京：商务印书馆2010年，第309页。

眠期间心意中存在着一定形式的波动。”[①]

艾扬格说：“在正知、谬误、想象和记忆的状态，一个人是清醒的。心意和意识被感官牵动，与外界接触，从而获得知识。在深眠中，上面这四个状态下获得的知识就不存在了：感官终止了活动，因为作为感官之王的心意停息了。这就是非存在（abhāva）的状态，一种空无的状态和感觉。”[②]

人们可能觉得睡眠中没有意识内容，很难理解是一种心的波动。一般的解释似乎很难被真正认可，但毗耶娑的解释很有说服力。他说，睡眠是对非实体的认知活动，在醒来后，通过思索，成为一种特殊的认知。这又分为三种情形，分别代表睡得舒服、不舒服、昏沉。如果没有对这几种情况的认知体验，就不会有相应的“记忆”。所以，毗耶娑明确把睡眠视为一种特殊的认知，并且提出在最终的三摩地中需要约束或抑制睡眠。[③]

深眠和三摩地很相似。在有的人那里，深眠被视为一种三摩地。在吠檀多经典作品如《潘查达西》中也把深眠

---

① *The Complete Works of Swami Vivekananda*, Kolkata: Advaita Ashrama, 2002, pp.206-207.

② 艾扬格著，王东旭、朱彩红译：《帕坦伽利瑜伽经之光》，海口：海南出版社2016年，第229页。

③ 钵颠阇利著，黄宝生译：《瑜伽经》，北京：商务印书馆2016年，第9–10页。

视为三摩地。但有的人拒绝这一理解。斯瓦米·萨缇亚南达·莎拉斯瓦蒂（Swami Satyananda Saraswati）认为，在三摩地中还保留“我”，而在深眠中没有任何对“我”的意识。在三摩地中，叠置性的名色终止了，但还有一种意识在。不过这种意识缺乏各种属于外在世界的特性。醒态中的觉知和三摩地中的觉知是完全一样的，只不过在三摩地中没有对象，只有觉知本身。认为三摩地中是绝对无觉知，是完全错误的。[①]

既然帕坦伽利把睡眠视为心的波动之一，一定有其道理。但如何理解和解释则是次一级的问题。问题是，我们要有好的睡眠质量，瑜伽是否需要对睡眠加以“约束”？从日常生活看，有个好睡眠是人生的圆满之境之一，因为太多人都遭受难以入眠之苦。在大部分情况下，对绝大多数人来说，修习瑜伽是为了更好地睡眠。从修习的终极层看，睡眠当然需要“约束”，需要控制。在当今，由于越来越受到生活和工作压力的影响，也因为其他种种原因，大量的人都有睡眠障碍症，这大大降低了人们的生活质量。瑜伽，特别是阿育吠陀瑜伽，有自己的方式来解决这样的难题。在阿育吠陀瑜伽看来，睡眠质量差，出现越来越多的睡眠障碍症，是因为越来越多、越来越大的生活和

① Swami Satyananda Saraswati，*Four Chapters on Freedom*，Bihar：Yoga Publications Trust，2013，p.53.

工作压力等影响了人们的自主神经功能。之所以会如此，是因为压力和其他多种因素导致人体风和空元素的活跃，难以抑制。人很难进入深度睡眠状态，心的波动厉害。很多情况下，失眠状态就不属于帕坦伽利所说的“睡眠”。

अनुभूतविषयासम्प्रमोषः स्मृतिः ॥११॥

anubhūtaviṣayāsampramoṣaḥ smṛtiḥ//

anu-bhūta-viṣaya-asampramoṣaḥ smṛtiḥ //

anubhūta-经验到，觉知到，理解；viṣaya-对象；asampramoṣaḥ-未遗忘，不让逃离；smṛtiḥ-记忆

记忆是未遗忘却经验到的对象。（1.11）

记忆是心的波动的第五种形式。它有两种，一是想象的记忆，如在梦中；另一是非想象的记忆，是清醒状态中的记忆。正知、谬误、想象和睡眠这四种波动的知识都可被记忆。事实上，各种波动都可能出现快乐、痛苦和愚痴的特点。“快乐、痛苦和愚痴都被称为污染。贪欲追随快乐，憎恨追随痛苦，无知追随愚痴。”[①]在帕坦伽利看来，所有这些活动都应该受到约束。约束的方法，要么是有种三摩地，要么是无种三摩地。在无种三摩地中，约束达到了巅峰，原人和原质真正分离。

下面是对上述五节经文的概括。五种心的波动分别代表了五种知识：

① 钵颠阇利著，黄宝生译：《瑜伽经》，北京：商务印书馆2016年，第10页。

1. 正知——正确的知识；

2. 谬误——错误的知识；

3. 想象——想象的知识；

4. 睡眠——没有（内容的）知识；

5. 记忆——过去的知识。

अभ्यासवैराग्याभ्यां तन्निरोधः ॥१२॥

abhyāsavairāgyābhyāṃ tannirodhaḥ //

abhyāsa-vairāgyābhyāṃ tat-nirodhaḥ //

abhyāsa-修习，修行，重复的实践；vairāgyābhyāṃ-通过不执；tat-它们（五种波动）；nirodhaḥ-约束，抑制，控制

通过修习和不执可以约束这五种波动。（1.12）

这里，帕坦伽利提出了两种约束波动的方法。修习和不执是生命管理艺术的核心。修习是增进信心、提升能量、稳定心意、促进智慧、安住原人。不执是减负，帮助我们摆脱种种名色所带来的压力、限制、疲惫、忧虑、乏味、抑郁、烦闷、空虚等。

毗耶娑说，之所以可以用修习和不执约束这五种波动，是因为“心河有两个流向，或流向善，或流向恶。倾向于独存，趋向分辨的领域，流向善。倾向于轮回，趋向不分辨的领域流向恶。其中离欲[①]堵住对象水流。修习分辨力开启分辨水流”[②]。

① 即不执。

② 钵颠阇利著，黄宝生译：《瑜伽经》，北京：商务印书馆2016年，第11页。

艾扬格对修习和不执的理解富有新意，他说："修习是瑜伽的阳性方面，不执和弃绝是其阴性方面。两者彼此平衡，就像白天和黑夜，吸气和呼气。修习是进化之路，不执和弃绝是回归之路。修习包含于整个瑜伽八支之中。进化型的修习不断向前去发现自我，它包括禁制、劝制、体式和调息；弃绝的回归之路则包括制感、专注、冥想和三摩地。"①

把修习理解为八支瑜伽的前四支，把不执理解为八支瑜伽的后四支，是非常有道理的。卡雷拉（Reverend Jaganath Carrera）说："要在瑜伽上成功，修习和不执都是必要的。它们是互补之方法，可以帮助心意变得更清晰、更平静、更强大。没有不执陪伴的修习会导致一个膨胀的私我，这个私我喜欢运用力量满足自私而无视后果。……没有通过修习获得的力量和清晰头脑，真正的不执绝不会真正降临。"②

从生命管理的角度看，修习和不执是完美的一对。要达成瑜伽成就，离不开这两者。离开其中任何一种都将导致瑜伽的失败。

---

① 艾扬格著，王东旭、朱彩红译：《帕坦伽利瑜伽经之光》，海口：海南出版社2016年，第69-70页。

② Reverend Jaganath Carrera, *Inside the Yoga Sutras*, Virginia: Integral Yoga Publications, 2006，p.35.

तत्र स्थितौ यत्नोऽभ्यासः ॥१३॥

tatra sthitau yatno'bhyāsaḥ//

tatra sthitau yatnaḥ-abhyāsaḥ //

tatra-此两者中；sthitau-稳定；yatnaḥ-努力；abhyāsaḥ-修习，修行，重复的实践

修习就是努力达到心的稳定。（1.13）

努力（yatnaḥ）一词，意味着心的稳定不是随便可以达成的，需要不断地修习。一天两天是难以达成的。除非一个人有非常好的素质，用传统的语言说，就是前世修来的，那么他可能在比较短的时间内达成心的稳定，例如商羯罗大师。普通人要成就瑜伽，实在不容易，需要付出巨大的努力。严格地说，瑜伽修习就是生命的磨炼，并且这种磨炼是一种垂直维度的精进，而不是意识在水平维度的简单扩展。

स तु दीर्घकालनैरन्तर्यसत्कारासेवितो दृढभूमिः ॥१४॥

sa tu dīrghakālanairantaryasatkārāsevito dṛḍhabhūmiḥ//

saḥ tu dīrgha-kāla-nairantarya-satkāra-āsevitaḥ dṛḍha-bhūmiḥ //

saḥ-这；tu-和；dīrgha-长期，长时间；kāla-时间；nairantarya-不间断，持续；satkāra-虔诚，崇敬，热忱；āsevitaḥ-专心；dṛḍha-稳固；bhūmiḥ-根基，基础

经过长期不间断的虔诚专心，修习的基础将非常稳固。（1.14）

帕坦伽利就修习提出了三个条件：

1. 长期性。走向瑜伽之路，明确目标，那是大丈夫的事业，要有充分的思想准备。任何一项事业都需要长期的努力，更何况，瑜伽是一项生命变革的事业。

2. 连续性。一项事业需要六年时间完成，这可以算是一项长期的事业。但你用了十八年时间断断续续去完成。或许不到七年八年，你的这项事业就已经终结了。真正要完成一项事业，就要连续地、持续地精进。人生在世，人身难得。生命有限，需要抓紧时间，积极进取。要以最有效的、最快的速度完成生命的变革和转化。

3. 虔诚性。修习瑜伽需要身心投入，需要带着内在

的虔诚。如果修习缺乏虔诚，就会缺乏专注度，甚至中途放弃，精进也不够快，效果不会好。虔诚性的最低要求就是喜欢。喜欢修习，修习的时候有兴趣。其次，有喜乐。真正的修习不是痛苦的，而是包含了喜乐。再次，修习中包含了对至高者的敬畏。修习是诚心诚意的。虔诚（satkāra）一词，韦达说包含了四层意义：苦行、梵行、知识、信心。[1]也就是说，虔诚地修习包含了这四个方面。

修习具备这三个条件，瑜伽的基础就稳固。有不少瑜伽人心比天高，但烦躁不安、缺乏耐心、不能坚持，这样命比纸薄，注定无法成就瑜伽。真要走上瑜伽这条道路，就需要有充分考虑，要有长期、持续和虔诚修习瑜伽的打算，否则浪费时间和精力、金钱和前程，后悔莫及。

---

① 斯瓦米·韦达著，石宏译：《〈瑜伽经〉三摩地篇述要》，北京：中央编译出版社2017年，第91页。

दृष्टानुश्रविकविषयवितृष्णस्य वशीकारसंज्ञा वैराग्यम् ॥ १५ ॥

dṛṣṭānuśravikaviṣayavitṛṣṇasya vaśīkārasaṃjñā vairāgyam //

dṛṣṭa-ānuśravika-viṣaya-vitṛṣṇasya vaśīkāra-saṃjñā vairāgyam //

dṛṣṭa-所见；ānuśravika-所闻；viṣaya-对象；vitṛṣṇasya-摆脱了欲望；vaśīkāra-控制了，精通；saṃjñā-认知；vairāgyam-不执

不执是一种自我掌控，它摆脱了对所见所闻之物的欲望。（1.15）

不执是一门伟大的艺术。这个世界充满诱惑，很少人能真正做到不执。人最大的敌人就是自己，而自己最大的敌人就是执着。之所以执着，是因为有“我意识（I-consciousness）”，这个“我意识”就是我慢。只要我慢在，就会有执着。我慢分为三个类型，即答磨我慢、罗阇我慢和萨埵我慢。如果为答磨我慢所控制，就会表现出愚昧性、迟钝性执着；如果为罗阇我慢所控制，就会表现出占有性、激情性执着；如果为萨埵我慢所控制，就会表现出善良性、博爱性执着。瑜伽修习首先要克服的是答磨我慢和罗阇我慢，但最终也要克服萨埵我慢。

人可以表现出对物质财富的执着，也可以表现出对名声、权力、美色、饮食的执着。在一个社会中，有的执

着是被认可的，有的执着是被鼓励的，有的执着是受赞美的。各种执着可以有层次之别，可以有类型之别。各种执着可以构成一个金字塔形的执着结构。执着越高，相对于低级的执着，等同于不执。事实上人一直处于执与不执之间。研究执着的艺术，其实也就是研究不执的艺术。最高的执着可以理解为最高的不执。《老子》云："执大象，天下往。"（35章）这里的"执"有"持守之意"，也就是执着于"大象"。这里的"大象"就是"大道"。也就是说，圣人执着大道（以治理天下），天下归往。我们认为，老子这里谈了最高的"执着"就是"执大象"。这和《瑜伽经》里最高的"执着"就是"执着纯粹自我"的意思相似。人一旦达到这一境界，就是至高的"不执"。换一个说法，最高的执着，就是执着于自己的纯粹自我，安住于自己的自我（原人）。在瑜伽哲学看来，除了这一至高的不执，各种执着无非都是基于答磨、罗阇和萨埵这三德的影响而来的。做到了彻底的不执，就完全觉悟，摆脱了生死轮回，也就是摆脱了三德的束缚，达成了瑜伽最高的目标。这一理解，在下一节经文得到了确证。

तत्परं पुरुषख्यातेर्गुणवैतृष्ण्यम् ॥१६॥

tatparaṃ puruṣakhyāterguṇavaitṛṣṇyam //

tat-paraṃ puruṣa-khyāteḥ-guṇa-vaitṛṣṇyam //

tat-那；paraṃ-至高的；puruṣa-原人；khyāteḥ-由于觉悟，由于明白；guṇa-德性，自然，性质；vaitṛṣṇyam-无欲无求，不渴望

认识了原人，对三德的任何表象都无欲无求，这是至高的不执。（1.16）

受制于三德的人，难以做到真正的不执。能做到的不执，都是有限度的、不同层次的。为了渴望不朽，为了实现生命的最终成就，人就需要不断地自我超越，需要一点一点摆脱三德的钳制。从摆脱答磨的钳制，再到摆脱罗阇的钳制，是一个艰难的过程。从摆脱罗阇的钳制，再到摆脱萨埵的钳制，更是一个漫长的过程。不同生物都以不同方式受制于三德，瑜伽的过程就是摆脱答磨、罗阇和萨埵钳制的过程。这是一场旷日持久的生命冒险，人们有可能在不同层面跌倒。有人可能摆脱了答磨的钳制，也摆脱了罗阇的钳制，给人的印象是一直处于萨埵的层面，甚至摆脱了三德的主宰。其实，可能他在大多数时候处于萨埵之境，但其罗阇之德还会不时地呈现出来，不管是公开的还

是隐秘的。

只有真正洞悉了原人，才能抵达最根本的不执。一旦真正认识了原人，他就可以很容易地达到不执。这里的不执是大不执，是彻底的，人至此已经完全觉悟了原人。

有人会说，我已经明白了原人，已经达到了不执。明白原人，就意味着品尝到至上的甘露（soma）。但更多时候，我们品尝的并不是至上甘露。就如一个人原来饮用非常清洁的水，如今他还得饮用普通的甚至有些污染的水。难道他放弃普通的水吗？其实，这里我要说的是，一个人已经认识原人，他将时时认识原人，但他的生活依然和普通人一样。他只是不会执着普通人的那些执着而已。一个证悟了原人的人，他的生命已经发生质变。他不会因为他的日常生活而再次被钳制，再次受制于三德。这是多么奇妙的智慧啊！

वितर्कविचारानन्दास्मितारूपानुगमात्सम्प्रज्ञातः ॥१७॥

vitarkavicārānandāsmitārūpānugamātsamprajñātaḥ //

vitarka-vicāra-ānanda-asmitā-rūpa-anugamāt-samprajñātaḥ //

vitarka-推理，检验，粗糙思想；vicāra-反思，分辨，细微思想；ānanda-喜乐；asmitā-有我，我见，阿斯弥达；rūpa-呈现，形式；anugamāt-伴随；samprajñātaḥ-有智三摩地

有智三摩地分为四种：推理、反思、喜悦和有我。（1.17）

前面的经文，帕坦伽利已经谈到通过修习和不执可以达到瑜伽的最高目标。从这节开始，帕坦伽利开始阐述三摩地。他区分了两种三摩地：有智三摩地和无智三摩地。①

毗耶娑对有智三摩地的描述如下："伴随着推理、反思、喜悦和有我的形态则是有智三摩地。推理是心对外在对象的粗糙感受。反思是精细感受。喜悦是欢喜、喜乐。有我是唯我感知。其中，第一种三摩地与所有四种相连，是有思考的。第二种减去思考，是有观察的。第三种减去

① 帕坦伽利本人没有在文本中使用过无智三摩地一词。他只是用了"另一种"，没有直接用这个特定的词。

观察，是有喜乐的。第四种减去喜乐，唯有自我性存在。所有这四种三摩地都有外在的对象。”①

据说弥室罗（Vācaspati Miśra）首先对有智三摩地的冥想对象做了深入的分析，后来的识比丘（Vijñāna Bhikṣu）则更进一步。我们综合一下，这里涉及冥想的不同层面，第一层是对外在感觉对象的经验（粗糙对象），第二层是对内在感觉对象的经验（细微对象），第三层是经验本身（喜乐），第四层是经验的主体（有我）。

对外在对象的经验而达到的三摩地又分为两种：有寻（savitarka）三摩地和无寻（nirvitarka）三摩地（《瑜伽经》1：42，43）。对内在对象的经验而达到的三摩地也分为两种：有伺（savichāra）三摩地和无伺（nirvichāra）三摩地（《瑜伽经》1：44）。喜乐（ānanda）三摩地是对萨埵属性的冥想而达到的经验状态。根据数论哲学，萨埵（sattva）具有喜乐属性，瑜伽士经历了对粗糙和细微对象的经验后，可以进一步达到对萨埵属性的经验。这种喜乐足以让人神魂颠倒，喜乐盈盈。但这里的喜乐不是直接来自终极的原人，也不是来自吠檀多哲学中的阿特曼或梵。之后，瑜伽士可以更深入一步，达到只有对“我”的意识。这里，帕坦伽利创造了一个新词叫asmitā（阿斯弥

① 钵颠阇利著，黄宝生译：《瑜伽经》，北京：商务印书馆2016年，第13页。引文有修订。

达、有我）。这个“阿斯弥达”和“我慢”（ahaṁkāra）关系密切，有时很难区分。我们可以把我慢（ahaṁkāra）视为结构性的，而把阿斯弥达（asmitā）视为功能性的。有我（阿斯弥达）三摩地，可以说是有智三摩地的顶峰。作为人，“我”的体验，是从这里开始的。上述四种三摩地都属于有智三摩地。如果再深入，超越“有我”，就将进入没有了“我意识”的无智三摩地。

विरामप्रत्ययाभ्यासपूर्वः संस्कारशेषोऽन्यः ॥१८॥

virāmapratyayābhyāsapūrvaḥ saṃskāraśeṣo'nyaḥ//

virāma-pratyaya-abhyāsa-pūrvaḥ saṃskāra-śeṣaḥ-anyaḥ //

virāma-终止，止息；pratyaya-心意内容，观念，思想，想法；abhyāsa-修习；pūrvaḥ-之前的，以前的；saṃskāra-潜在印迹；śeṣaḥ-保留；anyaḥ-另一种（三摩地）

另一种三摩地即无智三摩地，修习终止认知，只留下潜在印迹。（1.18）

Asamprajñātaḥ一词中，asam意指“无”“没有”，prajñā意指“智慧”“知识”。Asamprajñātaḥ可以理解为“无智的”。无智三摩地是没有认知的，心意中没有可以区分的对象。不过，此时，尽管心意非常寂静，但潜在印迹（saṃskāra）依然保留着。无智三摩地被视为对投射在心意上的原人之体验。如何从有智三摩地达到无智三摩地，卡雷拉做了简明的总结：

第一，理解原质（粗糙元素、细微元素、心意、我慢或有我）；

第二，控制原质；

第三，心意摆脱所有精神活动，超越原质，只留下潜在印迹。

事实上，瑜伽士达到这一境界并没有摆脱我慢，除非他能超越潜在印迹。潜在印迹是过去经验的残留物，通过保持我慢的结构而帮助心的波动一直存在下去。所以，在保留潜在印迹的前提下，无智三摩地还不是三摩地的顶峰。有智三摩地和无智三摩地都属于有种（sabīja）三摩地。[①]只有到了最高的三摩地，潜在印迹已被消除时，才能抵达无种（nirbīja）三摩地。[②]此时，瑜伽士达到彻底圆满。

为了进行生命的有效管理，需要最高纲领，也即是要达成三摩地的境界。三摩地本身很复杂，又分不同的层面。但我们首先需要达到有智三摩地，方法是专注于粗糙的对象、细微的对象、喜乐和有我。专注更进一步，要从有智三摩地转向无智三摩地。在无智三摩地中，只留下潜在的印迹。由于潜在印迹依然可能会激活心的波动，事实上还需要从有种三摩地走向无种三摩地。那时，如第四章涉及的，我们将进入法云三摩地，也就是无种三摩地。之后，我们的生命管理达到顶峰。

---

① 不同学者有不同看法。有的把无智三摩地视为无种三摩地。事实上，无种三摩地分两个阶段，一是有种无智三摩地，另一是无种无智三摩地。在有种无智三摩地阶段，我们似乎不能把它归为无种三摩地。

② Reverend Jaganath Carrera, *Inside the Yoga Sutras*, Virginia: Integral Yoga Publications, 2006, p.57.

भवप्रत्ययो विदेहप्रकृतिलयानाम् ॥१९॥

bhavapratyayo videhaprakṛtilayānām //

bhava-pratyayaḥ videha-prakṛti-layānām //

bhava-出生，存在；pratyayaḥ-思想，信念，观念；videha-没有身体的；prakṛti-原质，自然；layānām-消融于

无身瑜伽士和融于原质的瑜伽士，他们依靠出生就能达到无智三摩地。（1.19）

对于这节经文，不同的评论家有不同的理解。一种观点认为，无身瑜伽士和融于原质的瑜伽士依靠前世累积的修习而达到三摩地。但本质上，他们不能达到无智三摩地。相反，他们死后会成为“无身天神”。据说，这样的瑜伽士体验到了喜乐三摩地。有的则达到更高的境界，可以消融于原质。也有评论家说，这样的瑜伽士体验到有我三摩地。

毗耶娑说：“无智三摩地有两种：依靠方法和依靠生死轮回。其中，瑜伽士依靠方法。无身瑜伽士和融于原质的瑜伽士依靠生死轮回。”[①]这些依靠生死轮回的瑜伽

---

① 钵颠阇利著，黄宝生译：《瑜伽经》，北京：商务印书馆2016年，第14页。引文有修订。

士，依靠累世的修习达到了这样的境界，他们死后可以存在很久的时间，但最后将返回到生死轮回中。

从逻辑上看，帕坦伽利说的是有两种方法通向无智三摩地。一是先天而得，来自他们的往世修习；另一是后天而得，来自今生的修习。那些已经达到无智三摩地的瑜伽士不是帕坦伽利关注的重点。斯瓦米·萨缇亚南达·莎拉斯瓦蒂[①]和拉斐尔（Raphael）[②]也有这样的立场。我们也持有这一立场。

---

① Swami Satyananda, Saraswati, *Four Chapters on Freedom*, Bihar: Yoga Publications Trust, 1976, p.73.

② Raphael, *The Regeal Way to Realization*（*Yogadarśana*）, New York: Aurea Vidya, 2012，p.34.

श्रद्धावीर्यस्मृतिसमाधिप्रज्ञापूर्वक इतरेषाम् ॥२०॥

śraddhāvīryasmṛtisamādhiprajñāpūrvaka itareṣām //

śraddhā-vīrya-smṛti-samādhi-prajñā-pūrvakaḥ itareṣām //

śraddhā-信，信念，信仰；vīrya-力，活力，能量，热情，勇气；smṛti-念，忆念，冥想，正念；samādhiprajñā-慧，定慧，因三摩地而升起的分辨能力；pūrvakaḥ-前提；itareṣām-对于其他人

对于其他人，无智三摩地需要经历信、力、念、慧几个阶段。（1.20）

其他人，就是那些通过努力来达成无智三摩地的瑜伽士。他们可能不满足于有智三摩地，即有寻、无寻、有伺、无伺、喜乐和有我这些三摩地。因为达到有智三摩地的瑜伽士还没有达到瑜伽的顶峰，他们还有潜在印迹，还有可能再次陷入生死轮回。

为了进入无智三摩地，需要一些条件或前提，帕坦伽利概括了四条：

第一，信，就是信念，就是信仰。

第二，力，就是活力、能量、勇气，这力不仅仅是物理上的，也包含精神的。

第三，念，就是忆念，其实是冥想，而不是字面“记忆”的意思。

第四，慧，就是分辨的能力，这一点对于无智三摩地具有关键作用。

达到了有智三摩地的人，只要以这些要求为前提，通过修习，可以达成无智三摩地。

要指出的是，多个译本包含了“定”（三摩地），这个“定”就是有智三摩地。逻辑上说，“定”从有智三摩地而来。所以，在此基础上的修习，自然不需要包含“定”。

तीव्रसंवेगानामासन्नः ॥२१॥

tīvrasaṃvegānāmāsannaḥ //

tīvra-saṃvegānām-āsannaḥ //

tīvra-强烈，勇猛；saṃvegānām-对那些有意图的人；āsannaḥ-接近，靠近

勇猛精进的人会很快修成瑜伽。（1.21）

勇猛精进的人，他们意志坚定，充满活力和能量，修习效果明显，进步很快。这样的人与其他人相比，可以更快地修成瑜伽。

毗耶娑说瑜伽修习分为九等，有弱、中、强三类方法，而弱中强方法中又分弱、中、强三种。唯有强中强的瑜伽士才可以很快修成瑜伽，达到三摩地。这也暗示，要走瑜伽之路，就当考虑清楚，为了实现瑜伽，根本的方法就是要做修习中的强中强者。

मृदुमध्याधिमात्रत्वात् ततोऽपि विशेषः ॥२२॥

mṛdumadhyādhimātratvāt tato'pi viśeṣaḥ//

mṛdu-madhya-adhimātratvāt tataḥ-api viśeṣaḥ //

mṛdu-弱；madhya-中；adhimātratvāt-强；tataḥ-因此；api-也；viśeṣaḥ-有别，不同，差异

根据修习手段的弱、中、强，达成瑜伽的快慢有别。（1.22）

这节经文是上节经文的延续。

瑜伽修习方法有弱、中、强。而弱中强的方法中还有弱、中、强。帕坦伽利说，基于瑜伽修习手段强度的不同，达成瑜伽的目的的速度也有所不同。瑜伽士应该对自己有一个充分的认识和评估，看看自己属于哪种强度的修习者。

有人身心的条件和素质无法成为强中强者，只能求其次。但为了让自己在瑜伽修习途中不浪费能量，需要对自己有科学而合理的认识，基于对自身的正确定位，制订合适的修习计划，以便更好地管理自己的生命。

对自己进行科学的评估，要包括对自己身体体质的评估、三德的评估、脉轮的评估、整体条件的评估。如今，瑜伽人可能对自己了解不够，或了解片面，很难规划和管理好自己的瑜伽之道，也很难处理好瑜伽和生活之间的关系。若明确行走瑜伽之路，自然希望自己能在有限的时间内达成目标。但要考虑自己的条件，应该依据自身的条件来管理好自己的生命和生活。从这里，也可以看到瑜伽的生命和生活的管理多么的重要。

ईश्वरप्रणिधानाद्वा ॥२३॥

īśvarapraṇidhānādvā //

īśvara-praṇidhānāt-vā //

īśvara-自在天，主；praṇidhānāt-通过虔信；vā-或者

通过虔信自在天也能达到三摩地。（1.23）

这节经文，不同评论家的解释差别很大。

第一种观点认为，这里的“自在天”相当于“上帝”，这节经文充分体现了有神论的恩典论。一个人，即便没有学过瑜伽，但因为虔信“自在天”，也可以达到三摩地。

第二种观点认为，帕坦伽利的这一观点，已经超越了他所认可和接受的数论哲学，超越了数论哲学所主张的二元论。[①]

第三种观点认为，因为帕坦伽利的慈悲，迁就普通大众，提供了有神论意义上的恩典论，因为有形的神似乎更容易获得安慰和依靠。其实，帕坦伽利并没有提供一个至

① Raphael, *The Regeal Way to Realization(Yogadarśana)*, New York: Aurea Vidya, 2012, p.35.

上的人格神概念。[①]

从比较传统的立场来看，早期数论是无神论的，而帕坦伽利接受数论，他本质上是接受无神论的。但这里出现的“自在天”如何理解？在后面的经文，他做了解释。人们过分地把《瑜伽经》中的“自在天”理解为人格的“神”是值得商榷的。比较合理的解释是，自在天是一个特殊的原人，是纯粹意识。这样，他依然和数论保持了逻辑上的一致性。

---

① Swami Satyananda Saraswati, *Four Chapters on Freedom*, Bihar: Yoga Publications Trust. 1976, p.79.

क्लेशकर्मविपाकाशयैरपरामृष्टः पुरुषविशेष ईश्वरः ॥२४॥

kleśakarmavipākāśayairaparāmṛṣṭaḥ puruṣaviśeṣa īśvaraḥ//

kleśa-karma- vipāka-āśayaiḥ-aparāmṛṣṭaḥ puruṣa-viśeṣaḥ īśvaraḥ //

kleśa-烦恼，痛苦；karma-业，行动，因果；vipāka-行动的结果；āśayaiḥ-储存之业；aparāmṛṣṭaḥ-不受影响；puruṣa-原人；viśeṣaḥ-特殊的；īśvaraḥ-自在天

自在天是一个特殊的原人，不受烦恼、业、业果、储存之业的影响。（1.24）

这一节，帕坦伽利告诉了我们自在天是什么。他说，自在天是一个特殊的原人。

在数论哲学中，原人和原质是二元的。自在天属于二元中的原人这一端。把帕坦伽利所说的“自在天”理解为超越原人和原质的“至上之主”，显然不符合帕坦伽利的原意。很多瑜伽士和瑜伽学者在评论这节经文时可能忽视了这一点。因为，不管这个“自在天”多么特殊，他都不能超越原人和原质的二元对立。但在吠檀多哲学主张中，“自在天”可被视为创造宇宙的“上帝”，等同于“有德之梵”。尽管帕坦伽利和吠檀多思想家都用了“自在天”这个词，但它们所指的含义是很不一样的。

तत्र निरतिशयं सर्वज्ञबीजम् ॥२५॥

tatra niratiśayaṃ sarvajñabījam //

tatra niratiśayaṃ sarvajña-bījam //

tatra-那里，在（自在天）里；niratiśayaṃ-无法超越的；sarvajña-全知的；bījam-种子

在自在天那里，全知的种子是无法超越的。（1.25）

自在天是一个特别的原人。他拥有无限的知识，不被各种条件所限。我们本质上也是自在天，本质上也是全知的，也具有无限的知识。然而，本质上作为自在天的我们还不自由，这是因为我们和原质相认同、相混淆，我们被原质所束缚，处于生死流转中。

स एष पूर्वेषामपि गुरुः कालेनानवच्छेदात् ॥२६॥

sa eṣa pūrveṣāmapi guruḥ kālenānavacchedāt //

sa eṣa pūrveṣām-api guruḥ kālena-anavacchedāt //

sa-那个；eṣa-主，自在天；pūrveṣām-最早的，最古老的；api-也；guruḥ-导师；kālena-受时间，因着时间；anavacchedāt-因为不受限制

自在天是最早的导师的导师，因为他不受时间限制。（1.26）

Guru，音译为古鲁，翻译为导师，意思是“用知识之光驱逐黑暗、把人带向光明的人”。该词不能翻译为“教师”，因为教师只是教导、教育我们读、写和理解，无须对学生的全部福祉负责。[①]而古鲁或者导师，他要关心学生的全部，特别是要关注学生的精神和灵性发展。在印度灵性传统中，学生要有自己的导师（古鲁）。导师也需要有导师。那么，每个导师都有一个导师，这最初的导师是谁呢？他就是自在天。传承需要不断延伸，就需要超越时间和空间，不受时间和空间的限制。这个导师是全知的、

① 马赫什·帕布著，王志成、曹政译：《吠陀智慧》，成都：四川人民出版社2018年，第99页。

无限的。

我们可以这样理解这个自在天：

1. 自在天和原质完全无关（《瑜伽经》1：24），不受任何业的束缚；

2. 自在天是全知的（《瑜伽经》1：25）；

3. 自在天是永恒的、永在的（《瑜伽经》1：26）。

但是，他既不是宇宙的创造者、维持者，也不是宇宙的毁灭者，不可能给予任何人以恩典。所以，认为通过崇拜这个自在天而获得恩典的瑜伽恩典论似乎没有依据。

तस्य वाचकः प्रणवः ॥२७॥

tasya vācakaḥ praṇavaḥ //

tasya vācakaḥ praṇavaḥ //

tasya-他（自在天）；vācakaḥ-表达；praṇavaḥ-唵（Om）

表达自在天的词是唵（Om）。（1.27）

前面说到了自在天的特点，那么，这样的自在天如何可以为我们所理解？帕坦伽利说，自在天可以通过唵（Om）来表达。唵（Om），在印度文化中具有悠久的历史，早在《瑜伽经》之前就已经流传。

古老的《唵声奥义书》对唵（Om）有非常哲学化的探究。在《唵声奥义书》中涉及自在天。我们这里可能遇到了一个困惑。《唵声奥义书》中的唵（Om）以及自在天，和帕坦伽利在这里所说的唵（Om）以及自在天是不是一样的？如果我们不考虑《瑜伽经》和《唵声奥义书》之间的关系，很可能就用《唵声奥义书》的思想去解释帕坦伽利所谈的唵（Om）以及自在天。然而，根据学界看法，《唵声奥义书》成书的时代大概在公元初。因此，我们不能用《唵声奥义书》去印证和解释帕坦伽利的唵（Om）以及自在天。也就是说，《瑜伽经》和《唵声奥义书》中对唵（Om）以及自在天的理解应该是不同的。《唵声奥义书》体现的明显是一元论思想，完全可以纳入吠檀多哲学体系。但帕坦伽利的自在天是一个和原质相对的原人。表达这个原人的唵（Om）不能等同于《唵声奥义书》中的唵（Om）。即是，《瑜伽经》中，唵（Om）是用来表达自在天的，而这个“自在天”和《唵声奥义书》中的“自在天”不一样。我们只能在数论系统背景下来接受唵（Om）及其表达，而不能用吠檀多思想来理解数论背景下的唵（Om）以及自在天。

如果读者采用通行的方式（本质上就是吠檀多的理解方式），那么帕坦伽利的哲学就会遇到问题，因为他明确说自在天是原人。有人建议，可以用混合主义来理解帕坦伽利的瑜伽思想，但这会让我们感到帕坦伽利瑜伽思想体系内部的混乱。我们还是要从数论哲学的角度来解释他的《瑜伽经》，以保持哲学理论内部的稳定性。然而，这就意味着当我们理解诸如唵（Om）、自在天的时候就需要警惕，不能混同于吠檀多传统的理解方式。例如，《唵声奥义书》说：“自在天……是一切的知晓者，是内在的控制者，是一切的源头。一切众生由他产生，并最终消融在他之中”[①]。这样的理解是不适合帕坦伽利瑜伽的。总结一

① 罗摩南达·普拉萨德英译，王志成、灵海汉译：《九种奥义书》，北京：商务印书馆2017年，第129页。

下就是：

1．帕坦伽利瑜伽是二元论的，采纳的是数论哲学。原人和原质是两个独立的、不同的实体。

2．在帕坦伽利这里，自在天具有特定含义，是一个特殊的原人。

3．吠檀多传统包括《唵声奥义书》中谈到的自在天及其表达唵（Om），不是数论中的原人及其表达，而是有德之梵（上帝）。

4．在修习瑜伽时，应理解它们之间的差异。如果认为帕坦伽利以及吠檀多讲的自在天和表达唵（Om）是在同一意义上说的，就会导致帕坦伽利瑜伽哲学体系的混乱。如果我们要维持经典的权威性，坚持经典的自我完备性，那么我们就需要基于数论哲学来理解帕坦伽利《瑜伽经》中的自在天和唵（Om）等。以前，我们在相关论述中没有特别注意到帕坦伽利《瑜伽经》中如此复杂的问题，往往就在字面意义上理解经文，也接受了一些瑜伽士和学者的解释，而自己并没有深入研究，所以如今看来有的表述需要更新和发展。

从生命管理的角度看，我们可能不会纠结这样的讨论。在历史上，由于吠檀多占据了绝对的主导地位，人们的思想和思维方式很大程度上都受到吠檀多的影响。正因为这个原因，我们在多数情况下都不知不觉认可了吠檀多传统的一些思想方式和理解方式，很容易把帕坦伽利《瑜伽经》中的自在天和吠檀多中的有德之梵（上帝）相等同，而把吠檀多中的唵（Om）视为普遍适用的。我们在这里做这个说明，无意要大家改变，而是让我们有一个清醒的认识，至少在认知上要清楚它们在不同的哲学体系中是不同的。

तज्जपस्तदर्थभावनम् ॥२८॥

tajjapastadarthabhāvanam //

tat-japaḥ-tat-artha-bhāvanam //

tat-它的/它（Om）；japaḥ-重复念诵；tat-它的/它；artha-意义，目的；bhāvanam-冥想

常念此词，并冥想它的意义。（1.28）

帕坦伽利在这里告诉我们如何修习无智三摩地。这个方法就是念诵表示自在天的词唵（Om）。不仅要念诵，而且要冥想它的意义。它的意义是什么？就是自在天。唵（Om）等于自在天，自在天等同于特殊的原人，唵（Om）就是那特殊的原人。至于很多《瑜伽经》的注释者所认为的唵（Om）的含义是不是帕坦伽利所推荐的，我们并不真的知道。对于吠檀多，唵（Om）由A、U、M三个字母构成。A代表创造世界，系醒态；U代表维系世界，系梦态；M代表消融世界，系深眠态。帕坦伽利对唵的理解，并没有涉及这些。细心的读者也可以注意到，佛教对唵（Om）的理解也有它独特的地方。

关于如何念诵唵（Om），可以有不同的方式。但如今我们在瑜伽实践中所见到的唵（Om）的念诵法则是来自

吠檀多传统。如喜马拉雅瑜伽传人韦达大师就属于吠檀多传统，他说我们念诵唵（Om）的三个字母A、U、M，并说这三个字母代表醒态、梦态、深眠态。通过观想练习，会发现M中有秘密。做这种观想，一切的曼陀罗最后都会变成“Sohum”，最后“萨”（sa）、“哈”（ha）这两个字母也没有了，最后只剩下“唵”（Om）。作为修习实践，你当然可以采取吠檀多传统的念诵方法。①

如果要问我如何根据帕坦伽利的瑜伽来念诵唵（Om），我认为只要冥想的内容在《瑜伽经》的范围内就可以，而念诵的发声方式可以有多种方式，并不需要完全固定于某一种形式。而赋予众多含义到唵（Om）上，应该是一种文化现象。作为瑜伽士，更多时候无须这样去“赋予”，而是重视唵（Om）对自己心意的调整，这个更加合理。

---

① 关于唵（Om）的念诵和冥想修习方法，可以参考王志成：《阿育吠陀瑜伽》，四川人民出版社2018年，第361–362页，第427–430页。

ततः प्रत्यक्चेतनाधिगमोऽप्यन्तरायाभावश्च ॥२९॥

tataḥ pratyakcetanādhigamo’pyantarāyābhāvaśca //

tataḥ pratyak-cetana-adhigamaḥ-api-antarāya-abhāvaḥ-ca //

tataḥ-于是，由此；pratyak-向内，朝内；cetana-觉知；adhigamaḥ-达到；api-也；antarāya-障碍；abhāvaḥ-缺乏，消失；ca-和

由此，觉知向内，障碍被消除。（1.29）

当我们念诵唵（Om）时，意识就开始朝内、内省，并开始逐渐认识自身的本性，即原人、纯粹意识。同时，导致心意分散的各种障碍就被征服了、自然消除了。这里引出了非常特别的主题，那就是，通过念诵或专注可以消除走向觉悟、明白自我的障碍，可以消除痛苦。人如果能把成长途中的障碍消除，其生命的灵性自然成熟。从终极意义上说，我们本来圆满，我们不是在增加灵性，而是恢复我们本来的模样。我们本来就是圆满的原人，就是纯粹的意识，但因为错误地认同了原质以至于陷入了迷茫，不明白我们自我原本的真实本性。所以，瑜伽修习，不是在增加什么，而是在消除“不是的东西”。

萨缇亚南达说，经文第23节到第29节是为了普通大

众的。无身和能消融于原质的瑜伽士，他们是天生的瑜伽士，不用修习只要出生就可以达到无智三摩地。那些具有信、力、念、慧的人，也可以达到无智三摩地。但还有一些人，他们如何达到三摩地呢？帕坦伽利提供了一种更加简单的方式，即通过念诵自在天的象征唵（Om）最终也可以达到三摩地。[1]

---

① Swami Satyananda Saraswati, *Four Chapters on Freedom*, Bihar：Yoga Publications Trust, 1976, p.87.

व्याधिस्त्यानसंशयप्रमादालस्याविरतिभ्रान्तिदर्शनालब्धभूमिकत्वानवस्थितत्वानि चित्तविक्षेपास्तेऽन्तरायाः ॥३०॥

vyādhistyānasaṃśayapramādālasyāviratibhrāntidarśanālabdhabhūmikatvānavasthitatvāni cittavikṣepāste’ntarāyāḥ//

vyādhi-styāna-saṃśaya-pramāda-ālasya-avirati-bhrāntidarśana-alabdhabhūmikatva-anavasthitatvāni citta-vikṣepāḥ-te-antarāyāḥ //

vyādhi-疾病；styāna-疲倦；saṃśaya-怀疑；pramāda-拖延；ālasya-懒惰；avirati-欲念；bhrāntidarśana-妄见；alabdhabhūmikatva-精神不集中；anavasthitatvāni-注意力不稳定；citta-心；vikṣepāḥ-涣散；te-它们，这些；antarāyāḥ-障碍

疾病、疲倦、怀疑、拖延、懒惰、欲念、妄见、精神不集中和注意力不稳定，这些心的涣散都是障碍。（1.30）

毗耶娑认为，疾病是因为三个道夏（doṣa）、分泌物、器官失调而引发的。根据阿育吠陀，三个道夏分别是瓦塔（vāta）、皮塔（pitta）和卡法（kapha）。如果人的身体有问题，注意力就无法集中，思想就会涣散。从帕坦伽利瑜伽看，我们需要有一个健康的身体。但奇怪的是，有的人或宗派会充分肯定疾病，甚至渴望生病！这是什么道理？从正面理解，人们在生病时可以充分反思自己的生活，可以更容易

放下“我执”，回归正信，实现自我突破。从负面理解，这种欲望似乎有点不正常。从心理上说则是病态的。人不应该去渴望“疾病”，而是应该在面对疾病时学会坦然面对并积极疗愈。尽管帕坦伽利瑜伽的注意力始终集中在终极的三摩地、彻底的自由上，即集中在独存上，但他显然不会支持人们去“渴望”疾病的。

一切导致心的涣散的障碍都应该加以清理。帕坦伽利归纳了九类障碍。在他看来，这些障碍阻碍着我们走向三摩地，它们是“瑜伽的污垢、瑜伽的敌人和瑜伽的障碍”[①]。

从吠陀生命管理的角度看，这些障碍干扰着我们生命的正常运行，限制了我们意识的自我转化和提升，并将我们的自我遮蔽。这些障碍，有的是纯身体层面的，有的是心意层面的，有的是智性层面的。针对不同层面的问题，应该要有相应的对治法。据说帕坦伽利也是阿育吠陀典籍的编撰者，因此他必定也通晓阿育吠陀。如果是这样，帕坦伽利一定关心如何让我们身体健康。我们关心的阿育吠陀瑜伽，在这一意义上，就是身心健康的最佳结合。不过，在《瑜伽经》中，帕坦伽利的重点不是处理身体（粗身）问题，而是心的问题。

① 黄宝生译：《奥义书》，北京：商务印书馆2010年，第20页。

दुःखदौर्मनस्याङ्गमेजयत्वश्वासप्रश्वासा विक्षेपसहभुवः ॥३१॥

duḥkhadaurmanasyāṅgamejayatvaśvāsapraśvāsā vikṣepa-sahabhuvaḥ //

duḥkha-daurmanasya-aṅgamejayatva-śvāsa-praśvāsāḥ vikṣepa-sahabhuvaḥ //

duḥkha-痛苦；daurmanasya-沮丧；aṅgamejayatva-身体摇晃；śvāsa-吸气（不畅）；praśvāsāḥ-呼气（不畅）；vikṣepa-涣散；sahabhuvaḥ-伴随的征兆

心的涣散常伴随着痛苦、沮丧、身体摇晃和呼吸不畅。（1.31）

错误的瑜伽实践，特别是不当的体位练习和调息法可能带来极大的伤害，尤其对神经系统。过去和现在的瑜伽权威都强调合格导师的重要性。[1]心涣散，瑜伽就难以实践，因为心的涣散伴随着内心的痛苦、沮丧，表现在身体上就是身体不稳、摇晃，呼吸也出现问题。

也有不少瑜伽士，他们只关心心灵、关心灵性、追求解脱而忽视身体的健康。很显然，帕坦伽利非常重视身

① Fererstein, Georg, *The Yoga Sūtras of Patañjali, a New Translation and Commentary*. Rochester: Inner Traditions International, 1989, p.47.

体。没有健康的身体，根本就难以获得三摩地，因为没有健康的身体，就意味着很难摆脱答磨和罗阇的钳制。也有的瑜伽人把瑜伽完全理解为健身，还说这是帕坦伽利瑜伽。这也是完全错误的。尽管帕坦伽利重视身体的健康，但他的《瑜伽经》的核心是关注人的心，目的是三摩地。所以，从吠陀生命管理的角度看，帕坦伽利瑜伽的生命管理前提不是病人，而是健康的人。但同时，他并不停留在粗身的健康上，而是以此为前提，通过对心的控制达到最终的三摩地。

要补充的是，人的生命是有限的，时间是短暂的。要趁有限的时间达成瑜伽的目标，这是关键。这并不是说，身体不太健康的人或者患病之人，就无法修炼瑜伽，但至少在修习瑜伽中身体不能阻碍我们的修习。一般情况下，人的健康对修习瑜伽是非常重要的。同时，鉴于我们的生命持续时间有限，要在我们还健康的时候以及条件还许可的情况下努力达成瑜伽目标，这是十分明智的理解和做法。

तत्प्रतिषेधार्थमेकतत्त्वाभ्यासः ॥३२॥

tatpratiṣedhārthamekatattvābhyāsaḥ //

tat-pratiṣedha-artham-eka-tattva-abhyāsaḥ //

tat-它们的；pratiṣedha-消除，阻止，抑制；artham-为了；eka-单一的，一个；tattva-对象，真理，真实，原则，方法，主题；abhyāsaḥ-修习

专注于一个真理可以消除心的涣散。（1.32）

这里tattva一词很关键。如何理解该词直接影响我们对整句经文的理解。Tattva有真理、真实、原则、主题、对象、元素的含义。有些虔信瑜伽的人士认为，eka-tattvaabhyāsaḥ可以翻译为“练习冥想唯一的真理”。“既然这部分（到这句经文为止）谈论的主题都是‘īśvara’，我们可以明白，帕坦伽利在此说的是：当我们全神贯注地冥想神，也就是吠陀文献中所称的‘绝对真理’时，我们将达到使我们免除一切痛苦的完美境界。”①

很多人在注释这节经文时，都把该词理解为“事物”

① 帕谭佳里著，霍华德·雷斯尼克英译，嘉娜娃中译：《瑜伽经》，北京：中国社会科学出版社2017年，第31页。引文有修订。

或“对象”，也就是说，通过专注于一个具体的对象可以消除心的涣散。

还有一种解释认为，应该理解为“真理”，指下面提到的七种“真理”的一种。[①]从第33节到第39节，帕坦伽利提供了七个真理选项，我们觉得这一理解相当合理。

这七个选项是：

1. 培养德性（《瑜伽经》1：33）；
2. 修习调息（《瑜伽经》1：34）；
3. 专注导致细微感知的形式（《瑜伽经》1：35）；
4. 心专注内在之光（《瑜伽经》1：36）；
5. 专注觉悟者之心（《瑜伽经》1：37）；
6. 专注梦或深度睡眠的体验（《瑜伽经》1：38）；
7. 专注符合自己心愿的对象（《瑜伽经》1：39）。

① Shyam Ranganathan, *Patañjali's Sūtra with An Introduction and Commentary*, India: Penguin Books, 2008, p.108.

मैत्रीकरुणामुदितोपेक्षाणां सुखदुःखपुण्यापुण्यविषयाणां भावनातश्चित्तप्रसादनम् ॥३३॥

maitrīkaruṇāmuditopekṣāṇāṃ sukhaduḥkhapuṇyāpuṇyaviṣayāṇāṃ bhāvanātaścittaprasādanam //

maitrī-karuṇā-muditā-upekṣāṇāṃ sukha-duḥkha-puṇya-apuṇya-viṣayāṇāṃ bhāvanātaḥ-citta-prasādanam //

maitrī-友善；karuṇā-慈悲；muditā-喜悦，愉快；upekṣāṇāṃ-冷漠；sukha-幸福；duḥkha-不幸；puṇya-有德；apuṇya-邪恶；viṣayāṇāṃ-关于对象，对于（各自）对象；bhāvanātaḥ-通过培养种种态度；citta-心；prasādanam-平静

心的平静来自对德性的培养：对幸福者友善和对不幸者慈悲、对有德者喜悦和对邪恶者冷漠。（1.33）

帕坦伽利把人分为四种：

1. 幸福者；

2. 不幸者；

3. 有德者；

4. 邪恶者。

而心的平静来自于德性，德性的培养可以从对待这四种人的相应态度开始，即：

1. 对幸福者友善；

2．对不幸者慈悲；

3．对有德者喜悦；

4．对邪恶者冷漠。

萨奇答南达（Satchidananda）把这四种态度视为四把钥匙，把它们带在身上，遇到任何一把锁都可以打开。①

这节经文告诉我们要通过培养德性来保持心的平静。但人的德性之培养不是教条主义的，而是灵活的。帕坦伽利说，对于不同的人应该有不同的对待方式。这是一种德性培养，更是一种智慧的培养。因为，世人复杂，很多时候我们很难区分一个人是有德还是邪恶、真幸福还是假幸福。没有人的额头上写着我是幸福者、不幸者、有德者或邪恶者。所以，帕坦伽利对人的智商也是有要求的。如果无法区分一个人是不是幸福、是不是有德、是不是邪恶，那么他的瑜伽还没有学到应有的高度。但是，帕坦伽利并没有告诉我们如何提升德性的分辨力。除了从他人出发，在判断他人的实际情况可能遇到难题之外，帕坦伽利似乎更关心的是当事人的德性本身之培养。他告诉我们，用不同的态度对待不同的人可以培养起让心平静的德性。

对于这一点，卡雷拉有很清楚的认识，他说："对

① Sri Swami Satchidananda, *The Yoga Sūtras of Patañjali with Translation and Commentary*, Virginia: Integral Yoga Publications, 2013, p.51.

幸福者友善，我们可能认为是很自然的。不幸的是，情况并不总是如此。有时，另一人的幸福（或成功）提醒着我们的失败或没有实现的欲望。尽管我们可能不会明显表现出愤怒或抑郁，我们的祝福可能混杂着嫉妒和戒备。例如，如果一个朋友得到了一个我们渴望的升职，这种现象就可能发生。我们良好的思想可能会被遗憾或嫉妒所削弱。”[①]可以说，一个人能用好这四把钥匙，是需要培养的。在不断的自我培养中慢慢获得这一对待人的态度，从而让自己的心意不断得到修习，达到平静之境。

卡雷拉更意识到这四把钥匙也要用于我们自己：对待我们自己的幸福要友善；对待我们自己的悲伤要慈悲；当我们展示德性时要喜悦；在消除我们的弱点时要坚定、忍耐和冷漠。[②]

① Reverend Jaganath Carrera, *Inside the Yoga Sutras*, Virginia: Integral Yoga Publications, 2006, p.81.

② Reverend Jaganath Carrera, *Inside the Yoga Sutras*, Virginia: Integral Yoga Publications, 2006, p.84.

प्रच्छर्दनविधारणाभ्यां वा प्राणस्य ॥३४॥

pracchardanavidhāraṇābhyāṃ vā prāṇasya //

pracchardana-vidhāraṇābhyāṃ vā prāṇasya //

pracchardana-通过呼气；vidhāraṇābhyāṃ-通过住气；vā-或者；prāṇasya-呼吸的

或者，通过调节呼吸，使心平静。（1.34）

前一节是说通过德性的培养来获得心的平静，也就是说，通过规范人的德性，把人教化成三德中萨埵型的瑜伽人。而这节则是直接从身体的气息调理来让心获得平静。

关于调息和心意的关系，《哈达瑜伽之光》说："呼吸不稳，则心意不稳；呼吸稳定，则心意稳定。因此，瑜伽习练者要获得不动的心意，就应该控制住呼吸。"①

关于如何调息，帕坦伽利在第二章给予了具体的指导。我们在前面也已经讨论了调息的问题。考虑到不同情况，调息多种多样，也有不同的目的。有的调息是解脱导向的，帕坦伽利的调息本质上就是这一导向的。也有的调

① 斯瓦特玛拉摩著，G. S. 萨海、苏尼尔·夏尔马英译并注释，王志成、灵海译：《哈达瑜伽之光》，成都：四川人民出版社2018年（增订版），第107页。

息是疗愈导向的，例如阿育吠陀以及阿育吠陀瑜伽中的调息首先是为了疗愈、为了健康。[①]但不管是哪种调息，本质上都可以促进心的平静。

① 参见王志成编著:《阿育吠陀瑜伽》，成都：四川人民出版社2018年，第十三章。

विषयवती वा प्रवृत्तिरुत्पन्ना मनसः स्थितिनिबन्धनी ॥३५॥

viṣayavatī vā pravṛttirutpannā manasaḥ sthitinibandhanī //

viṣayavatī vā pravṛttiḥ-utpannā manasaḥ sthiti-nibandhanī //

viṣayavatī-感知，感觉，关于感觉对象的；vā-或者；pravṛttiḥ-细微的感知；utpannā-显示；manasaḥ-心意的，精神的；sthiti-稳定，平静；nibandhanī-固定，专注

或者，通过专注细微的感知，使心平静。（1.35）

有时人们会对自己身上特殊（细微）的感知感兴趣。作为普通人，特殊的感知往往是让人充满信心和喜乐的。经验中获得的甜蜜或成就，会让我们更真实地专注其中。我们在学习一种练习方法，如果长时间练习却身上毫无反应，我们可能就会怀疑，会失去兴趣，甚至就此放弃了这一方法。同样，在修习瑜伽中，如果经过一个时期的练习却感受不到其中特殊的感知，我们就不容易坚持下去了。

传统上，人们获得这种特殊的或细微的感知方式是专注于鼻尖、舌尖、喉咙、肚脐下三寸、手心等。如果专注于鼻尖一段时间，我们就可能闻到某种香味。如果专注于舌尖一段时间，我们可能会尝到美食（尽管没有实际的美食在那里）。如果专注于喉咙一段时间，我们可能会发出

更加有磁性的声音。如果专注于肚脐以下三寸一段时间，我们就可能感到内在的热和明显的能量聚集感。如果专注于手心一段时间，我们可能感到手上有气的流动、闻到手心的香味等。帕坦伽利认为，诸如此类的细微感知可以让心平静下来，并有助于我们最终走向三摩地。

विशोका वा ज्योतिष्मती ॥३६॥

viśokā vā jyotiṣmatī //

viśokā vā jyotiṣmatī //

viśokā-喜乐，没有悲伤；vā-或者；jyotiṣmatī-内在之光

或者，通过专注于至上的、永恒喜乐的内在之光，使心平静。（1.36）

这一节的专注特点强调了具象（内在之光）。

光，在瑜伽中具有特别的作用。想象你内心有一道光，那是神圣之光，是具有意识的光，它就是至上的纯粹自我（原人）之光，类似于吠檀多中内在的阿特曼之光。光照亮一切，没有黑暗、恐惧、焦虑。常如此专注，可以让心平静自在，通向觉醒，走向三摩地。

वीतरागविषयं वा चित्तम् ॥३७॥

vītarāgaviṣayaṃ vā cittam //

vīta-rāga-viṣayaṃ vā cittam //

vīta-摆脱，没有；rāga-执着，欲望；viṣayaṃ-对象；vā-或者；cittam-心

或者，通过专注那些不执于欲望的觉悟者之心，使心平静。（1.37）

觉悟者都是不执于欲望的，例如佛陀、老子、庄子、商羯罗、辨喜、拉马那、尼萨格达塔。通过专注圣人的心，可以让我们融入其中，减少心的波动。这一专注法是古鲁瑜伽（Guru Yoga）的一种有效修习方法。毗耶娑说，这是离欲法，“离欲成为心的所缘，瑜伽士的心受感染，达到安定的境界”[①]。

① 钵颠阇利著，黄宝生译：《瑜伽经》，北京：商务印书馆2016年，第25页。

स्वप्ननिद्राज्ञानालम्बनं वा ॥३८॥

svapnanidrājñānālambanaṃ vā //

svapna-nidrā-jñāna-ālambanaṃ vā //

svapna-梦，梦境；nidrā-睡眠；jñāna-知识，智慧；ālambanaṃ-支持，依靠；vā-或者

或者，通过专注梦境或深度睡眠的经验，使心平静。（1.38）

梦境和深度睡眠的经验对瑜伽士很重要，因为它们可以揭示我们的潜在印迹以及自然秩序中万物的偶然性。通过专注于它们，最终有助于我们认识原人的特点，并让心平静。

यथाभिमतध्यानाद्वा ॥३९॥

yathābhimatadhyānādvā //

yathā-abhimata-dhyānāt-vā //

yathā-根据；abhimata-选择的，希望的，渴望的；dhyānāt-通过冥想；vā-或者

或者，通过冥想符合自己心愿的对象，使心平静。（1.39）

心要平静下来，完全依靠他人提供的方法对有的人没有什么效果。根据自己的心愿和爱好选定专注的对象，这样更容易使心平静下来。这个对象可能是一位择神，如卡利、罗摩、拉克什米、克里希那，但也可以是其他任何符合自己心愿的对象。

परमाणुपरममहत्त्वान्तोऽस्य वशीकारः ॥४०॥

paramāṇuparamamahattvānto'sya vaśīkāraḥ //

parama-aṇu-parama-mahattva-antaḥ-asya vaśīkāraḥ //

parama-最终的，至上的；aṇu-原子的；parama-最终的，至上的；mahattva-大；antaḥ-达到；asya-他的；vaśīkāraḥ-掌控

由此瑜伽士可以掌控冥想对象，小如原子，大至无限。（1.40）

这里，有个争议，就是瑜伽士利用上面提到的各种方法（从第33到第39节）能否达到三摩地。萨缇亚南达说，这是不可能的，但可以获得对于臻达三摩地所必需的心理和精神的力量。人们难以掌控事物的细微含义，是因为还没有掌控自己的心（主要是心意）。[①]我们认为，不能这么绝对，不同根器的人，可能通过很普通的方式就有可能臻达三摩地。

① Cf. Swami Satyananda Saraswati, *Four Chapters on Freedom*, Bihar: Yoga Publications Trust, 2013, p.105.

क्षीणवृत्तेरभिजातस्येव मणेर्ग्रहीतृग्रहणग्राह्येषु तत्स्थतदञ्जनता समापत्तिः ॥४१॥

kṣīṇavṛtterabhijātasyeva maṇergrahītṛgrahaṇagrāhyeṣu tatsthatadañjanatā samāpattiḥ //

kṣīṇa-vṛtteḥ-abhijātasya-iva maṇeḥ-grahītṛ-grahaṇa-grāhyeṣu tatstha-tadañjanatā samāpattiḥ //

kṣīṇa-完全弱化的；vṛtteḥ-波动；abhijātasya-纯净的，天然的，无染着的，透明的；iva-像，似乎；maṇeḥ-水晶；grahītṛ-认知者；grahaṇa-认知；grāhyeṣu-认知对象；tat-那，它的；stha-站立，停留；tad-那，它的；añjanatā-呈现事物之形式；samāpattiḥ-进入同一之态，等至，三摩地

纯净的水晶会接受离它最近的物体的色彩，心也一样，当约束了心的波动时，就会达到认知者、认知对象以及认知的同一。这种与认知对象的同一被称作三摩地。（1.41）

这里，帕坦伽利用水晶做比喻。水晶的特点是它自身没有固定颜色，而会反射在它周围物体的颜色。如果周围的物体颜色变了，水晶的颜色也就变了。心如果得到了很好的修习，也就是说心尘得以清理，心变得纯粹，心的波动得到了约束，那么，心，作为认知者，就会和认知的对

象达到同一。

瑜伽修习在修心，瑜伽就是约束或控制或清理心的波动。人心如水晶。心的修习有不同的阶段。前面已经谈到心在纯净的过程中经历了有智三摩地、最终达到圆满的无智三摩地之境。有智三摩地包含推理、反思、喜悦和有我这几个阶段。这几个阶段分别对应粗糙对象、细微对象、喜乐和有我这四类对象。继续用水晶做比喻，对心的波动约束程度越高，就类似水晶的纯净度越高。不断修习心的过程，就是不断净化心的过程，这个过程就是基于对心的波动的约束。不同程度的三摩地，代表了对心的波动约束的不同境界。

तत्र शब्दार्थज्ञानविकल्पैः सङ्कीर्णा सवितर्का समापत्तिः ॥४२॥

tatra śabdārthajñānavikalpaiḥ saṅkīrṇā savitarkā samāpattiḥ //

tatra śabda-artha-jñāna-vikalpaiḥ saṅkīrṇā savitarkā samāpattiḥ //

tatra-其中，那里；śabda-声音，名称，词；artha-对象，性质，意义；jñāna-知识；vikalpaiḥ-概念化，设想；saṅkīrṇā-混合；savitarkā-有寻，推理；samāpattiḥ-三摩地，等至

当心与专注的粗糙对象达成同一，但仍掺杂着名称、性质和知识的意识，这被称为有寻三摩地。（1.42）

我们所有的普通意识都离不开“名称”“性质”和“知识”的复合。例如，“当看到一张桌子时，我们就会意识到：（1）这个对象的名称（‘桌子’），（2）对象的性质（它的大小、形状、颜色、木质等），（3）我们自己有关对象的知识（我们自己已感知它这一事实）。通过专注，我们可以与桌子达到同一，但心中仍然留有‘名称’‘性质’和‘知识’的混合物”[①]。这是最低层的、专注于粗糙对象的三摩地。

① 斯瓦米·帕拉伯瓦南达和克里斯多夫·伊舍伍德著，王志成、杨柳译：《帕坦伽利〈瑜伽经〉及其权威阐释》，北京：商务印书馆2016年，第70–71页。

स्मृतिपरिशुद्धौ स्वरूपशून्येवार्थमात्रनिर्भासा निर्वितर्का ॥४३॥

smṛtipariśuddhau svarūpaśūnyevārthamātranirbhāsā nirvitarkā //

smṛti-pariśuddhau sva-rūpa-śūnya-iva-artha-mātra-nirbhāsā nirvitarkā //

smṛti-觉知，记忆；pariśuddhau-充分的净化，最高的净化；svarūpa-它自己的本性；śūnya-空；iva-像；artha-对象；mātra-仅仅；nirbhāsā-显现；nirvitarkā-无寻，无推理

当心与专注的粗糙对象达成同一，且不掺杂名称、性质和知识的意识，只留下对象本身，就被称为无寻三摩地。（1.43）

有寻三摩地和无寻三摩地的区别就在于专注对象是否包含着名称、对象和知识的意识。

एतयैव सविचारा निर्विचारा च सूक्ष्मविषया व्याख्याता ॥४४॥

etayaiva savicārā nirvicārā ca sūkṣmaviṣayā vyākhyātā //

etayā-eva savicārā nirvicārā ca sūkṣma-viṣayā vyākhyātā //

etayā-同样的方式；eva-仅仅；savicārā-有伺，有反思；nirvicārā-无伺，非反思的；ca-以及；sūkṣma-细微的；viṣayā-对象；vyākhyātā-被解释

当专注对象是细微对象时，所谓的有伺三摩地和无伺三摩地可以用同样的方式得到解释。（1.44）

这一节的内容可以对应前面两节。前面两节专注对象是粗糙对象，而这里的专注对象是细微对象。对于细微对象的专注所达到的状态分两种，一种是包含着名称、性质和知识的意识的，一种是不包含的。前一种就叫有伺三摩地，后一种就叫无伺三摩地。

सूक्ष्मविषयत्वं चालिङ्गपर्यवसानम् ॥४५॥

sūkṣmaviṣayatvaṃ cāliṅgaparyavasānam //

sūkṣma-viṣayatvaṃ ca-aliṅga-paryavasānam //

sūkṣma-细微的；viṣayatvaṃ-作为对象，有性质的事物；ca-和；aliṅga-原质，无形者，未展示者；paryavasānam-结果

在所有细微对象的背后是原质这个最初因。（1.45）

有伺三摩地和无伺三摩地专注的是细微对象。这些对象的背后是它们的源头，即原质，也即是，自然世界的最初因是原质。

前面已经说到数论哲学有两个基本范畴，即原质和原人。原人就是纯粹意识，是不灭的，它的存在是多元的，也就是说有无数的原人。而原质是一个，但这个原质是变动的，展示为三德，即萨埵、罗阇和答磨。原质和原人结合，成为宇宙性的“大”（Mahat，宇宙理智，普遍性的菩提）。从“大”演化出宇宙性的“我慢”（Ahaṁkāra，我原则，私我）。“我慢”由“答磨”占主导，它和“罗阇”结合，演化出“五唯”，即色、声、香、味、触这五大细微元素（tanmātras）。这五大细微元素是非经验性

的，难以辨别。“五唯”再演化出“五大元素”，即地、水、火、风、空。它们是可以经验、可以辨别的。当“我慢”由萨埵占主导，它和“罗阇”结合演化出“心意”（末那）。“心意”再演化出“五知根”和“五作根”，即眼、耳、鼻、舌、身，以及手、足、嘴巴、肛门、生殖器。

有寻三摩地和无寻三摩地专注的对象是粗糙元素或对象，有伺三摩地和无伺三摩地专注的对象是细微元素或对象。瑜伽冥想，本质上是一个反向的演化，首先从生活的表层入手，冥想不断深入，寻找表象背后的原因，原因背后的原因，所达到的三摩地也不断深入，直到抵达最为内在的实在。①

① 斯瓦米·帕拉伯瓦南达和克里斯多夫·伊舍伍德著，王志成、杨柳译：《帕坦伽利〈瑜伽经〉及其权威阐释》，北京：商务印书馆2016年，第31页。

ता एव सबीजः समाधिः ॥४६॥

tā eva sabījaḥ samādhiḥ //

taḥ eva sabījaḥ samādhiḥ //

taḥ-它们；eva-确实；sabījaḥ-有种，有种子；samādhiḥ-三摩地

上面谈到的三摩地被称作有种三摩地。（1.46）

有寻三摩地、无寻三摩地、有伺三摩地、无伺三摩地、喜乐三摩地和有我三摩地都是有种三摩地。

在下面的经文中，帕坦伽利没有明确谈到喜乐三摩地和有我三摩地。在《瑜伽经》的各种注释和评注中，对此多有争议。这里，我们不介入这一争论。

निर्विचारवैशारद्येऽध्यात्मप्रसादः ॥४७॥

nirvicāravaiśāradye'dhyātmaprasādaḥ //

nirvicāra-vaiśāradye-adhyātma-prasādaḥ //

nirvicāra-无伺，非反思的；vaiśāradye-纯洁的；adhyātma-灵性的，有关自我的；prasādaḥ-照亮，清晰

在无伺三摩地中，至上自我光辉照耀。（1.47）

在无伺三摩地中，内心清净。毗耶娑说："以光明为本质的知觉萨埵摆脱污垢的遮蔽，稳定的光流不被罗阇和答磨压倒，这是清澈。一旦无伺三摩地产生这种清澈，瑜伽士内心清净，明亮的智慧光芒以事物为对象，无关乎直接感知。"①

关于无伺三摩地的境界，毗耶娑用一首诗来表达：

智者登上智慧的宫殿，
无忧无虑，犹如站在
高山之巅，俯瞰世间

① 钵颠阇利著，黄宝生译：《瑜伽经》，北京：商务印书馆2016年，第31页。引文有修订。

充满忧虑的一切众生。[①]

① 钵颠阇利著，黄宝生译：《瑜伽经》，北京：商务印书馆2016年，第31-32页。

ऋतम्भरा तत्र प्रज्ञा ॥४८॥

ṛtambharā tatra prajñā //

ṛtambharā tatra prajñā //

ṛtam-真理；bharā-具有；tatra-那里；prajñā-智慧，知识

在这种三摩地中，知识可以说充满真理。（1.48）

在印度文化中，ṛtam和satyam是两个重要概念。

古代印度的仙人们认为，世界是进化的，但这个进化的世界并不是简单地就是自然或物质的展示。他们相信，能量才是世界的根源，而比这个能量更细微的是存在（sat）。

这个存在（sat）有两个维度，一是相对的维度，一是绝对的维度。相对维度的存在就是可见的世界，可以为感官和心意所感知，也就是这个相对的世界。绝对维度的存在是不变的、永恒的。这个相对方面的存在就是satyam，而绝对方面的存在就是ṛtam。

当瑜伽修习达到足够深度时，瑜伽士就进入了内在的经验，那时，感官和心意没有活动。一方面，因为没有了通常的认知活动，那个相对世界变得黑暗了。但是，一旦达到了更高境界，触及了ṛtam之境，就达到了绝对之

境，充满真理，或者说，就充满了终极性的经验。[1]这一理解，可以解开很多文化中神秘主义的谜团。但一般情况下，我们说，在这种三摩地下，人们超越了日常的感官经验，而达到了一个新的境地。

---

① Swami Satyananda Saraswati, *Four Chapters on Freedom*, Bihar: Yoga Publications Trust, 1976, p.48.

श्रुतानुमानप्रज्ञाभ्यामन्यविषया विशेषार्थत्वात् ॥४९॥

śrutānumānaprajñābhyāmanyaviṣayā viśeṣārthatvāt //

śruta-anumāna-prajñābhyām-anya-viṣayā viśeṣa-arthatvāt //

śruta-经典；anumāna-推理；prajñābhyām-由此而来的知识或智慧；anya-不同的；viṣayā-对象；viśeṣa-特别的（真理）；arthatvāt-本质，目的

内容上它不同于通过推理和研习经典所获得的知识，因为它涉及事物的本质。（1.49）

在这样的经验中，人所获得的知识是绝对的。它不同于推理和经典的知识，无关乎描述性的词语。通过推理和经典获得的知识是基于通常的心的波动。但在无伺三摩地中所获得的知识，内容上不同于通常的来自心的波动的知识。帕坦伽利说，那知识触及了本质，关于原人或纯粹自我的知识，类似于吠檀多不二论中有关阿特曼的知识。

तज्जः संस्कारोऽन्यसंस्कारप्रतिबन्धी ॥५०॥

tajjaḥ saṃskāro'nyasaṃskārapratibandhī //

tat-jaḥ saṃskāraḥ-anya-saṃskāra-prati-bandhī //

tat-那，这些；jaḥ-生于，来自；saṃskāraḥ-潜在印迹；anya-其他的；saṃskāra-潜在印迹；pratibandhī-消除，克服，排除

三摩地加之于心的印迹，将消除过去的所有其他印迹。（1.50）

在此三摩地中也会产生智慧的潜在印迹（般若印迹）。三摩地中产生的般若印迹会消除或者擦掉过去的所有印迹。这个过程，有时可以被视为有种三摩地和无种三摩地之间的过渡性三摩地。读者可能注意到，在第一章第17节谈到了喜乐三摩地、有我三摩地，但这里帕坦伽利没有再具体谈到它们了。不过，帕坦伽利说了有寻三摩地、无寻三摩地、有伺三摩地、无伺三摩地、喜乐三摩地、有我三摩地都属于有智三摩地。在第一章第18节说了，在无智三摩地中，没有了认知，只有潜在印迹。而有智三摩地和无智三摩地都是有种三摩地。因此，我们甚至可以说在

无伺三摩地中，以及在喜乐三摩地和有我三摩地中产生的印迹为般若印迹，它们会消除以前的印迹。经过分辨，人进入无智三摩地，也可以说进入有种无智三摩地。

तस्यापि निरोधे सर्वनिरोधान्निर्बीजः समाधिः ॥५१॥

tasyāpi nirodhe sarvanirodhānnirbījaḥ samādhiḥ //

tasya-api nirodhe sarva-nirodhāt-nirbījaḥ samādhiḥ //

tasya-关于这；api-甚至（也）；nirodhe-约束，消除；sarva-所有的；nirodhāt-约束，消除；nirbījaḥ-无种，无种子；samādhiḥ-三摩地

由三摩地产生的印迹也被约束，心中不再有心的波动，这时，就进入了无种三摩地。（1.51）

前面谈到在有种三摩地中会产生般若印迹，这个印迹会不断消除原有的印迹，当原有的印迹被消除，最后连这个般若印迹也被消除了。毗耶娑说："当由般若造成的潜在印迹得到约束时，由于约束了一切，就成为无种三摩地。无种三摩地不仅约束三摩地般若，也约束由般若造成的潜在印迹。为什么？这种约束产生的潜在印迹约束有种三摩地产生的潜在印迹。……心的波动停止，原人完全保持自己的原本形态，而称为纯洁者、独存者和解脱者。"[1]

---

① 钵颠阇利著，黄宝生译：《瑜伽经》，北京：商务印书馆2016年，第33–34页。引文有修订。

考虑到三摩地的结构对普通人来说，理解比较困难，因此我们结合各家之说，特别是费厄斯坦（George Feuerstein）的研究成果，把《瑜伽经》中三摩地的次第（从醒态到独存之次第）分为以下各种：

1. 清醒意识阶段（日常意识）；
2. 制感阶段；
3. 专注阶段；
4. 冥想阶段；
5. 波动控制阶段；
6. 有寻三摩地；
7. 无寻三摩地；
8. 有伺三摩地；
9. 无伺三摩地；
10. 喜乐三摩地；
11. 有我三摩地；
12. 分辨智阶段；
13. 无智三摩地；
14. 法云三摩地；
15. 独存（最终的圆满）。[①]

其中，6–13都属于有种三摩地，法云三摩地等于无种

---

① Georg Geuerstein and Jeanine Miller, *The Essence of Yoga*, Vermont: Inner Traditions International, 1998, p.71-72.

三摩地，因为印迹都已经消除。由于人还在，所以可以被视为人进入独存之前的最后一道余光。我们认为，人处于法云三摩地中就是处于无种三摩地中。人进入独存，可以说作为一个具体的人已经不在。如果没有弄错的话，法云三摩地中的人属于在世解脱者，而进入独存的人，则已经不再作为一个人生活着。

下面，我们就第一章的内容做一些总结和延伸。在第一章，帕坦伽利就下面的一些基本问题给出了基本回答：

1. 瑜伽的定义或目标；

2. 人的状态：错误的认同；

3. 人回归原本状态的方法；

4. 人回归原本状态的障碍；

5. 消除障碍的种种方法；

6. 三摩地的不同境界。

帕坦伽利认为，瑜伽就是约束心的波动。这一约束，在普通人那里是一种自我抑制或自我控制，而在帕坦伽利这里就是三摩地之境地。所以，毗耶娑说，瑜伽就是三摩地。

我们之所以需要约束，是因为心的波动给我们带来了麻烦，最核心的问题是陷入无明，进入生死流转中。我们之所以会陷入这一处境，是因为我们错误地认同了我们的原人性和原质（自然）性。原人和原质混合，是一切问题的根源。瑜伽就是要让人重新认识自我，重新回到原人和原质的分离之态。

为了回到理想的圆满之状态，必须要有具体的方法。数论哲学告诉我们，人的本性是原人，而不是原质。一旦真正认识到这一点，人就获得自由。帕坦伽利认同数论哲学的思想，但他认为单纯的思想认识或理论知识是不够的，需要通过瑜伽实践。为此，帕坦伽利提供了两种方式，它们就如一只鸟的两只翅膀，缺一不可。这两种方法就是修习和不执。用生命管理的语言说，就是通过修习和不执把生命一步一步引向人的圆满。

然而，帕坦伽利非常清楚地告诉我们，在走向生命圆满的途中有着很多障碍。这些障碍都需要消除，否则，就不能达成生命的圆满，无法达到有种三摩地和无种三摩地，也就是无法达成瑜伽的目标。不消除这些障碍，生命的管理就是失败的。为此，帕坦伽利提供了多种具体的方法来消除这些障碍。消除障碍的过程，就是生命走向圆满的过程。具体消除障碍的方法主要有：培养德性、修习调息、专注导致细微感知的形式、专注内在之光、专注觉悟者的心、专注梦境或深度睡眠的体验、专注符合自己心愿的对象。

消除了路途中的障碍，实践瑜伽专注，达到不同的三摩地之境地。根据帕坦伽利所说，三摩地分为有种三摩地和无种三摩地。有种三摩地包含了有寻和无寻三摩地、有伺和无伺三摩地、喜乐三摩地和有我三摩地。无种三摩地则是三摩地的巅峰，在此境地，原质和原人完美地分离，人进入独存之境。生命管理就此完成。

从某种意义上说，作为瑜伽体系性的实践，第一章已经非常完整了。因为，它提供了生命管理的目标（三摩地）、生命管理的缘由（人的错误认同）、生命管理的手段或方式（修习和不执）、生命管理中可能出现的障碍、消除这些障碍的方法、生命转变成长中不同阶段的不同境地。下一章，我们将会看到帕坦伽利如何展开更具体而有序的生命管理的瑜伽教程。

我们对圣洁的《瑜伽经》第一章三摩地篇的翻译和注释就此结束。

॥ साधनपादः ॥

Sādhana Pādaḥ

第二章　修习篇

（凡55节经文）

本章主题

第二章修习篇共计55节经文，涉及以下主题：痛苦、痛苦的消除、消除痛苦的目的、觉知、智慧之道、瑜伽八支、禁制、劝制、控制消极思想的方法、实践禁制和劝制的结果、坐式、调息、制感。

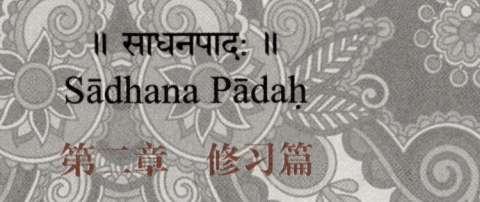

तपःस्वाध्यायेश्वरप्रणिधानानि क्रियायोगः ॥१॥

tapaḥsvādhyāyeśvarapraṇidhānāni kriyāyogaḥ //

tapaḥ-svādhyāya-īśvara-praṇidhānāni kriyā-yogaḥ //

tapaḥ-苦行，净化行动，把痛苦视为净化；svādhyāya-自我研习，研读；īśvara-自在天；praṇidhānāni-敬仰，顺从于；kriyā-yogaḥ-实践瑜伽，克里亚瑜伽

苦行、自我研习和顺从自在天构成了克里亚瑜伽。（2.1）

Tapaḥ一词来自词根tap，意思是“燃烧”“产生热”，或者“产生能量”。很多人把这个词翻译为苦行、禁欲主义，而其实际上是通过“燃烧”“产生能量”来消除人格不完美的过程，也即是通过“燃烧”“产生能量”来消除人的潜在印迹。潜在印迹就如种子，条件成熟就会发芽。苦行就是“燃烧”，把种子烧焦，使得它们不再发芽。因此，基本上可以把Tapaḥ（苦行）理解为一种自我净化的行动。鉴于苦行产生“热”，是一种自我净化的过程，可以把瑜伽体位法、调息、手印、邦达（收束法）、专注、贞守、非暴力等都视为苦行。斯瓦米·萨缇亚南达提醒我们，这里的“热”不能仅仅理解为物理上的热，它也

是普拉那之热、心意之热、灵性之热。根据斯瓦米·萨缇亚南达，我们需要在更深的意义上理解苦行，实际上是要在消除潜在印迹这一意义上来深入地理解苦行，不能简单地把苦行理解为某些“古怪”的瑜伽行为和简单的身体的外在表现。《薄伽梵歌》中，克里希那为我们提供了理解苦行的方式，即从人的三德来理解三类苦行，即善良之德的苦行、激情之德的苦行和愚昧之德的苦行。很显然，善良之德的苦行才是真正的苦行，其目的在于消除种种潜在印迹、走向善良（萨埵）之德的生活。帕坦伽利的苦行可以被理解为净化身心的活动或过程。

Svādhyāya，一般被理解为研读经典。斯瓦米·萨缇亚南达认为，这里的这个词和第二章第32节的词一样，但它们的含义不同。第32节中的svādhyāya，意思就是阅读经典。而在本节中这个词的意思是通过不同视角来研究、理解自我的本性（自我研习）。这个研究包括了身、心、灵三个维度。研究自我，就是直面自己的纯粹意识。基于这样的理解，svādhyāya并不只是阅读经典以及阅读之后唱诵曼陀罗。Svādhyāya在帕坦伽利这里被理解为探究自我（原人）。在一般情况下，我们可以这么理解，第一层意思就是阅读有助于解脱的经论以及之后的唱诵；第二层意思是通过研究经典以及唱诵，以便达到对自我（原人）的认识。

Īśvara praṇidhānāni，顺从自在天。通常人们会认为人需要顺从一位外在的神，但这里的自在天或上帝并不是外在的神，而是一个特殊的原人，是特别的纯粹意识，它本质上是人的内在的真正自我。也就是说，自在天是内在的意识，不是一位人格化、外在化的神。有关自在天的讨论，可以参考第一章第23-29节经文及其注释。在帕坦伽利这里，Īśvara praṇidhānāni可以被理解为安住在自在天（原人、内在真正意识）中。在大众那里，以某种外在形式作为中介，或许也是可以被接受的。但最终必定要超越这种外在的二元性的崇拜，安住在真正的自我之中。

Kriyā-yogaḥ，克里亚瑜伽，可以理解为实践瑜伽或行动瑜伽。它的意思大致可以理解为通过净化身心（苦行），去认识自我（自我研习）并安住内在自我中（顺从自在天）。

समाधिभावनार्थः क्लेशतनूकरणार्थश्च ॥२॥

samādhibhāvanārthaḥ kleśatanūkaraṇārthaśca //

samādhi-bhāvana-arthaḥ kleśa-tanū-karaṇa-arthaḥ-ca //

samādhi-三摩地；bhāvana-产生，展示，引起；arthaḥ-意义，目的，目标；kleśa-痛苦，障碍，烦恼；tanū-变薄，变瘦，变弱；karaṇa-引起，做，行动，影响；arthaḥ-意义，目的，目标；ca-和

它帮助我们减少痛苦，达到三摩地。（2.2）

普遍认为通过克里亚瑜伽，可以减少痛苦，或者说消除障碍，并最终达到三摩地。我们已经看到，帕坦伽利是一个典型的目标导向的瑜伽士。他提供的瑜伽教学的思想和方法都直接服务于瑜伽的目标，即三摩地。离开三摩地这一瑜伽的目标，《瑜伽经》似乎就没有什么特别大的价值了。正是因为要达成瑜伽的这一目标，他才建立了这样一个系统的实践体系。帕坦伽利一刻不停地密切关注着他的瑜伽目标。

费厄斯坦提醒说，克里亚瑜伽并不是八支瑜伽的预备，它就是帕坦伽利瑜伽。克里亚瑜伽包含两个方面：修习和不执。修习包括苦行、自我研习和顺从自在天；不执

包括相对不执和绝对不执。达到绝对不执就达到瑜伽的巅峰无种三摩地。[①]艾扬格则把瑜伽八支安置到修习之下。苦行下面包括了禁制、劝制、体位和调息；自我研习包括制感和专注；顺从自在天包括冥想和三摩地。[②]我们认为，费厄斯坦、艾扬格等人的理解十分重要，有助于我们理解《瑜伽经》经文内部的结构。如果我们简单地把克里亚瑜伽视为瑜伽（八支瑜伽）的预备，那么就可能不容易理解这些预备的内容在八支瑜伽中的重复。事实上，第二章将全面展开生命管理的具体瑜伽实践。克里亚瑜伽是一个整体说法，它在实践层面落实到具体的八支瑜伽中。

---

① George Feuerstein, *The Yoga Sūtras of Patañjali, a New Translation and Commentary*, Rochester: Inner Traditions International, 1989, p.60.

② B. K. S.Iyengar, *Light on the Yoga Sūtras of Patañjali*, London: Thorsons, 1993, p.110.

अविद्यास्मितारागद्वेषाभिनिवेशाः क्लेशाः ॥३॥

avidyāsmitārāgadveṣābhiniveśāḥ kleśāḥ //

avidyā-asmitā-rāga-dveṣa-abhiniveśāḥ kleśāḥ //

avidyā-无明，无知；asmitā-有我，“我感觉”；rāga-贪恋，喜欢；dveṣa-厌恶；abhiniveśāḥ-恐惧死亡，贪恋生命；kleśāḥ-痛苦，障碍，烦恼

这些痛苦是无明、有我、贪恋、厌弃和惧怕死亡。（2.3）

克里亚瑜伽可以减少痛苦。那么，痛苦是什么？

Kleśāḥ一词，有痛苦、烦恼、障碍的意思。所以，你也可以说，克里亚瑜伽可以减少烦恼、消除障碍，等等，我们这里采用“痛苦”一词。在人的经验里，心的波动有痛苦、有不痛苦。而痛苦的波动有的是表面的，有的是潜意识中的。很多时候，我们并不会体验到我们是痛苦的。但经过深究，可能就会发现表面上不痛苦但在深处却是痛苦的。帕坦伽利认为阻碍我们达到三摩地的“痛苦”是无明、有我、贪恋、厌弃和惧怕死亡这五种。在这五种痛苦中，最基本的是“无明”；“有我”则主要是认知上的，陷入了错误认同，是无明的个体化的落实；其他三种则是因为错误认同而表现

出来的基本状态：喜欢（贪恋）、不喜欢（厌弃）以及“有我”的巅峰表现即恐惧死亡、贪恋生命。

अविद्या क्षेत्रमुत्तरेषां प्रसुप्ततनुविच्छिन्नोदाराणाम् ॥४॥

avidyā kṣetramuttareṣāṃ prasuptatanuvicchinnodārāṇām //

avidyā kṣetram-uttareṣāṃ prasupta-tanu-vicchinna-udārāṇām //

avidyā-无明，无知；kṣetram-领域，场；uttareṣāṃ-对于其他；prasupta-潜伏的；tanu-微弱的；vicchinna-间断的；udārāṇām-活跃的

无明产生出其他所有的痛苦。那些痛苦可能是潜伏的、微弱的、间断的或活跃的。（2.4）

所有的痛苦都有其原因。人们对一件痛苦的事可以做出多种分析，找到种种导致痛苦的原因。但人们有时会陷入迷茫，因为当他发现某个导致痛苦原因的时候，同时也会发现相关的原因。事物之间彼此关联，很难找到纯粹的痛苦原因。单纯线性的因果关系是不多的。任何一物的存在都是关系性的存在。

帕坦伽利跳出了这样的纠结，他认为所有痛苦总的根源在于无明。正因为无明，才造成无穷无尽的痛苦。那么这个“无明”究竟是什么意思？帕坦伽利说，无明的本质就是不明白自身的真实身份，错误地将自身真实的身份认同于非我，或者说，认同于三德变动出来的对象。

帕坦伽利说到痛苦的四种状态：潜伏、微弱、间断或活跃。潜伏，意味着你还没有感受到痛苦，但只要条件具备，这些潜伏的痛苦就会浮现出来并影响你，让你感到痛苦。微弱，意味着痛苦的程度不是强烈的。间断，意味着痛苦出现了，又消失了，然后又出现了，又消失了，呈现出不确定、不稳定、阶段性发作的状态。活跃，意味着这些痛苦正折磨着你。毗耶娑研究了痛苦实际呈现的状态，在帕坦伽利理解的基础上增加了一种，就是烧焦的种子状态。烧焦的种子不会发芽。毗耶娑告诉我们，“灭尽痛苦的智者被称为只有最后一身。只是在他这里，而不是在别处，有痛苦的第五种状态，即烧焦的种子状态。这时，那些痛苦还存在，但它们的种子（发芽的）能力已被烧毁。即使面对感官对象，它们也不会醒来”[①]。

① 钵颠阇利著，黄宝生译：《瑜伽经》，北京：商务印书馆2016年，第36-37页。引文有修订。

अनित्याशुचिदुःखानात्मसु नित्यशुचिसुखात्मख्यातिरविद्या ॥५॥

anityāśuciduḥkhānātmasu nityaśucisukhātmakhyātiravidyā //

anitya-aśuci-duḥkha-anātmasu nitya-śuci-sukha-ātma-khyātiḥ-avidyā //

anitya-无常；aśuci-不净，不纯粹的；duḥkha-苦，痛苦的；anātmasu-非我，非自我；nitya-常，永恒；śuci-净，纯粹；sukha-乐，快乐；ātma-我，自我；khyātiḥ-理解，区分，知识，观点；avidyā-无明，无知

把无常、不净、苦和非我认同为常、净、乐、我，这就是无明。（2.5）

需要指出的是，吠檀多哲学家在理解“独一无二”的梵（Brahman）如何演化成现象的“多”的时候，一直备受困扰。商羯罗大师用avidyā（无明，无知）、ajñāna（无智）或māyā（摩耶，幻）来解释。后商羯罗的吠檀多哲学家，把māyā当原因，而avidyā和ajñāna则是结果。这里，帕坦伽利以他的方式理解avidyā（无明，无知）。很显然，这种理解是认识论意义上的。帕坦伽利认为，无明是一切痛苦的最终根源，它就如盐的味道渗透在一切之中。它的本质是“倒置”：

1. 把无常认同为常。因为把无常认同为常，自然陷入无尽的生死流转中。人，本质上都在追求永恒的“存在”“智慧”和“喜乐”，总在追求不灭的存在。但由于错误认同，把无常视为常，如何可能获得“永恒”？得不到“永恒”，就会焦虑和痛苦。

2．把不净认同为净。需要注意的是，这里的“不净”并不是一个道德判断。一般地说，这个词是在“不混淆／混合其他的实质之物”的意义上来使用的。数论和数论瑜伽的至高本质原人并不是由“要素”混合而成，原人本质上也不会进化或退化。混合之物都会变化，而原人不变。一切变化的都不可能是原人。卡雷拉说，这节经文也提醒我们“假神崇拜”的陷阱。人们可能将名声、权力、金钱都加以神化，然而它们都是不断变化的。如果我们将这些有限的目标或对象偶像化，我们可以说，无明正表现了自身。[①]

3．把苦认同为乐。这个世界的存在是二元性的，或者说是多元化和混合性的。苦乐当然不是固定的，而是随着条件的变化而变化的。面对痛苦，心态不同，结果也不同。然而，除了在三德混合的事物中理解苦乐之外，还应该通过对三德的深入分析，并将认识不断上升，最终超越三德的限制，并因着认识到三德中痛苦的必然性而理解痛

---

① Reverend Jaganath Carrera, *Inside the Yoga Sutras*, Virginia: Integral Yoga Publications, 2006, p.107.

苦的根源，最终回到我们本来的原人状态，即自我本身的永恒之喜乐的状态。

4．把非我认同为我。非我就是三德构成之物及其各种显现。我就是原人，就是自我，就是真我。原人，不变，永恒，圆满；而非我则是短暂的，有限的，变化的。把非我认同为我，就是迷失了自我。

换言之，现实是，大多数人把无常、不净、苦和非我认同为常、净、乐、我。帕坦伽利真正的瑜伽实践，就是要通过生命的重新管理，倒转生命状态，回到常、净、乐、我的状态。

दृग्दर्शनशक्त्योरेकात्मतेवास्मिता ॥६॥

dṛgdarśanaśaktyorekātmatevāsmitā //

dṛk-darśana-śaktyoḥ-eka-ātmatā-iva-asmitā //

dṛk-见者，原人，意识力；darśana-所见，认知；śaktyoḥ-能力，具有能力；ekātmatā-认同；iva-似乎，好像；asmitā-有我

见者认同所见，这就是有我。（2.6）

见者就是目击者，就是原人，是一种意识力，是主体。目击的对象就是所见。“有我”就是把目击者或见者认同于所见。毗耶娑说：“原人是意识的主体力，而认识的意志是见的工具性力量。这两种力量似乎同一，这就是‘有我’。”[①]萨拉斯瓦蒂也说：“有我”就是把原人认同于它的工具的“意识”。其实，也就是把主体认同于低于自身的对象的意识。因为有了这种朝下、朝外的认同，执着就会生成，伴随着执着过程的就是痛苦。

更进一步，瑜伽实践，就是不仅要让我们避免把对象视为见者，而且要把所有他人都视为见者。在处理人与人之

① Rāma Prasāda，*Patañjali's Yoga Sūtras with the Commentary of Vyāsa and the Gloss of Vācaspati Miśra*, Oriental Books Reprint Corporation, 1912, p.99.

间的关系时，要充分意识到其他主体的见者身份，而不是把见的对象或目击对象当作主体或见者。这是瑜伽实践者正确处理自己以及与他人关系的一个基础。有人更进一步，由此推出我们应该成为素食主义者，因为其他生灵本质上也是见者。如果再要分析下去，甚至他们会说，其他生灵可能受到更多的遮蔽，从瑜伽的角度看，就是过往的潜在印迹和习性限制了它们。人在世上生活，要做到彻底的非暴力是很难的，需要有一个度。对素食主义的种种看法和立场，是有争议的。不过，我们应当保持开放的态度。

这里，我们顺便再解释一下asmitā和ahaṁkāra的区别。大体可以这么理解：

Asmitā，可以翻译为“有我”，它是对内的，是功能性的。

Ahaṁkāra，可以翻译为“我慢”“我执”，它是对外的，是结构性的。

帕坦伽利没有谈ahaṁkāra，只用了他自己创造的词asmitā。韦达大师说，“我慢”或“我执”是从“大”（Mahat）衍生出来的，是具有本质性的“物”，或者说是结构性的。而“有我”是原人或原人反映在菩提中所生起的过程，是一种痛苦或烦恼。不过，某种意义上，人们是很难区分这两个词的，大多数情况下，人们使用的是“我慢”（ahaṁkāra）而非“有我”（asmitā）一词。

सुखानुशयी रागः ॥७॥

sukhānuśayī rāgaḥ //

sukha-anuśayī rāgaḥ //

sukha-快乐，欢愉；anuśayī-伴随，与一个结果有关；rāgaḥ-贪恋，喜欢

贪恋就是总想着欢愉。（2.7）

贪恋是人性中固有的特征。不同状况下有不同的贪恋。普通人贪恋普通的事和物。有修为的人同样贪恋事和物。在社会中，不同人生活在一个大空间下。有比较，就有差异。有对比，就有伤害。有的人贪恋比其他人层次低，往往更容易遇到问题。那些贪恋比较高远的事与物的人，则不容易和他人发生抵触，似乎也更有智慧。

就世俗中的人而言，贪恋绝对是一门艺术。普通的贪恋和高级的贪恋或者说瑜伽士的贪恋都是对欢愉的渴望。在较低层面的欢愉更多地和物质利益、感官享受、权力等结合在一起。较高层面的欢愉则和人的精神追求联结在一起。更高的层面的欢愉，则是生命的圆满，可以用自由、解脱、觉悟、得救这类词来描述。不过，帕坦伽利在这里所谈的贪恋应该属于层次比较低的贪恋，主要是在激情（罗阇）层上的贪恋。

दुःखानुशयी द्वेषः ॥८॥

duḥkhānuśayī dveṣaḥ //

duḥkha-anuśayī dveṣaḥ //

duḥkha-痛苦；anuśayī-伴随，与一个结果有关；dveṣaḥ-厌弃，不喜欢

厌弃就是总想着痛苦。（2.8）

贪恋就是总想着欢愉，而厌弃就是总想着痛苦。因为憎恶经历的痛苦，因为对痛苦的排斥，但却还需要面对痛苦，就可能引发愤怒或暴力。面对自己可能失去理智、走向暴力之时，比较合适的方式是反思：反思为何愤怒。如果知道了愤怒的原因，就很容易平息下来，因为这时人的内在器官菩提（智性）就会发挥作用。

स्वरसवाही विदुषोऽपि तथारूढोऽभिनिवेशः ॥९॥

svarasavāhī viduṣo'pi tathārūḍho'bhiniveśaḥ //

svarasa-vāhī viduṣaḥ-api tathā-rūḍhaḥ-abhiniveśaḥ //

sva-自己的；rasa-本质，菁华，味道；vāhī-流动；viduṣaḥ-智者，有学识的人；api-也，甚至，即使；tathā-因而；rūḍhaḥ-生长，发芽；abhiniveśaḥ-惧怕死亡，贪恋生命

惧怕死亡就是渴望生命独自永驻，甚至对于智者也是如此。（2.9）

众生物都恐惧死亡。惧怕死亡是有基因基础的。如果一个生物体任何时候都不惧怕死亡，这样的物种很容易灭掉。正因为对死亡的恐惧，对生命的贪恋，生物体才能更好地自我保存和繁衍。但在瑜伽中，在实践修习的意义上，则需要克服对生命的贪恋。不过，这并不容易，因为甚至智者也惧怕死亡。毗耶娑就说："受到死亡痛苦体验的熏习，对于智者和愚者是相同的。"[①]我的一个学生去听一位老教授讲解《庄子》。这位知名教授也是一位非常诚恳可亲的老人。他对在座的众多学生说，尽管我研究了

① 钵颠阇利著，黄宝生译：《瑜伽经》，北京：商务印书馆2016年，第41页。

庄子多年，但我还是惧怕死亡，没有解决生死问题。还有一位著名哲学教授，90多岁了，也非常惧怕死亡。尽管他长期研究哲学问题，但对于死亡、对于死后仍有一种莫名的恐惧。这两位著名教授可以说都是智者，但正如帕坦伽利所说的，他们和普通人一样都受到死亡痛苦经验的熏习。但是，当瑜伽士真的明白了他的原人之本性而真正超越三德束缚的时候，他就不会再惧怕死亡，也就是说，面对死亡，不再有恐惧，因为他知晓他自己是自存永存的原人，何来死亡?!对于普通人要达到这个境地，则需要极大的信心。

ते प्रतिप्रसवहेयाः सूक्ष्माः ॥१०॥

te pratiprasavaheyāḥ sūkṣmāḥ //

te prati-prasava-heyāḥ sūkṣmāḥ //

te-这些；prati-相反的，反向的；prasava-生长，成长，进化；heyāḥ-摧毁；sūkṣmāḥ-细微的

当这些痛苦变得细微时，就可以通过返回到它们的最初因即原质而将之摧毁。（2.10）

“痛苦变得细微”，这意味着痛苦处于潜伏微弱的状态（参见2.4）。对于这种细微状态的痛苦，帕坦伽利建议“返回”之道，也就是返回到原质之道。毗耶娑说：“这五种痛苦如同烧焦的种子，在瑜伽士的心完成任务而安定时，与瑜伽士的心一起消失。”[①]

① 钵颠阇利著，黄宝生译：《瑜伽经》，北京：商务印书馆2016年，第41页。

ध्यानहेयास्तद्वृत्तयः ॥११॥

dhyānaheyāstadvṛttayaḥ //

dhyāna-heyāḥ-tat-vṛttayaḥ //

dhyāna-冥想；heyāḥ-摧毁，放弃；tat-那，它们的；vṛttayaḥ-（活跃的）波动

通过冥想，可以摧毁充分发展了的痛苦。（2.11）

潜伏的和微弱的痛苦通过返回到它们的最初因可以消除。而对于间断的或活跃的痛苦，帕坦伽利认为可以通过冥想来克服或摧毁。萨拉斯瓦蒂说，这节经文应该在上一节经文之前。[①]因为，心的波动都有四个阶段，从潜伏、微弱、间断到活跃。我们要先处理那些活跃的波动，即间断的和活跃的，也就是展示出来的波动。对于已经展示出来的波动，我们可以通过冥想来摧毁。但我们无法通过冥想来消除那些没有明显展示的波动，因为它们是潜伏的或微弱的。对于这些潜伏的或微弱的痛苦（波动），处理方法就是将它们返回到最初因。

---

① Swami Satyananda Saraswati，*Four Chapters on Freedom*，Bihar：Yoga Publications Trust，2013，p.154.

क्लेशमूलः कर्माशयो दृष्टादृष्टजन्मवेदनीयः ॥१२॥

kleśamūlaḥ karmāśayo dṛṣṭādṛṣṭajanmavedanīyaḥ //

kleśa-mūlaḥ karma-aśayaḥ dṛṣṭa-adṛṣṭa-janma-vedanīyaḥ //

kleśa-痛苦；mūlaḥ-起源，根源；karma-行动，业力；aśayaḥ-工具，容器；dṛṣṭa-可以见的；adṛṣṭa-不可见的；janma-出生；vedanīyaḥ-体验到，产生业的经验

痛苦是业之根。它们都会在可见的今生或不可见的来世体验到。（2.12）

帕坦伽利在这里谈到了痛苦和人的再生之关系。只要有痛苦，必定产生潜在印迹，而潜在印迹影响可见的今生和不可见的来世。如果不能终止业的活动，我们必定有生死轮回。业的活动产生的潜在印迹，要么是善业，要么是恶业，要么是不善不恶的业。影响人的核心是善恶之业。善业可以帮助人到达“天堂”，恶业则让人走向更低的生命状态。只有消除业，才能解决根本问题。这里要特别说明的是，这里的痛苦是对业（行动）的定性，包含善业和恶业。事实上，不管是善业还是恶业，人都不能摆脱生死轮回的命运。

सति मूले तद्विपाको जात्यायुर्भोगाः ॥१३॥

sati mūle tadvipāko jātyāyurbhogāḥ //

sati mūle tat-vipākaḥ jāti-āyuḥ-bhogāḥ //

sati-存在；mūle-根；tat-它的；vipākaḥ-果；jāti-物种，出生，生命状态；āyuḥ-寿命；bhogāḥ-经验

只要业的根存在，它就会成熟，导致不同的出生、寿命以及生活经验。（2.13）

在印度传统文化中，“业”是一个非常重要的概念。离开“业”这个概念，印度文化就很难理解。同样，如果缺乏“业”的概念，传统瑜伽也无法理解。毗耶娑在注释《瑜伽经》时，对这节经文做了很长的注释，核心就是讨论业和果报之间的关系。瑜伽实践修习是要把一切业消除，使其成为如同烧焦了的种子。种子一旦烧焦，就不会再次发芽；业一旦被烧焦，就如被烧过的种子一样，不再产生果报。

然而，帕坦伽利说，只要业的根还存在，它就一定会带来果报。这果报包含：出生、寿命以及生活经验。这里，我们并不准备跟随毗耶娑探讨业和果报之间具体的关系。因为，这里面还有着太多的猜测和不确定。我们的重

点是要明白并确定：只要业的根存在，就会带来果报，表现在出生、寿命以及生活经验上。

ते ह्लादपरितापफलाः पुण्यापुण्यहेतुत्वात् ॥ १४ ॥

te hlādaparitāpaphalāḥ puṇyāpuṇyahetutvāt //

te hlāda-paritāpa-phalāḥ puṇya-apuṇya-hetutvāt //

te-它们（业）；hlāda-快乐；paritāpa-痛苦；phalāḥ-果实，结果；puṇya-善；apuṇya-恶；hetutvāt-原因

快乐和痛苦的经验分别是善行和恶行的结果。（2.14）

这里继续因果思想，尤其是善—恶和快乐—痛苦的经验之间的关系。

我们应该知道，在三德主宰下的现象世界，其中有着稳定的因果关系。一般而言，快乐的经验来自善行，痛苦的经验来自恶行。我们的出生、寿命和生活的经验，如果以善行为因，我们就得到快乐的经验；如果以恶行为因，我们就得到痛苦的经验。萨奇答南达说：“快乐与不快乐的生活是你自己的创造。没有其他的人为此负责。如果记得这一点，你就不会抱怨任何人了。你是你自己最好的朋友，也是最坏的敌人。”①

---

① Sri Swami Satchidananda, *The Yoga Sūtras of Patañjali with Translation and Commentary*, Virginia: Integral Yoga Publications, 2013, p.93.

परिणामतापसंस्कारदुःखैर्गुणवृत्तिविरोधाच्च दुःखमेव सर्वं विवेकिनः ॥१५॥

pariṇāmatāpasaṃskāraduḥkhairguṇavṛttivirodhācca duḥkhameva sarvaṃ vivekinaḥ //

pariṇāma-tāpa-saṃskāra-duḥkhaiḥ-guṇa-vṛtti-virodhāt-ca duḥkham-eva sarvaṃ vivekinaḥ //

pariṇāma-变化、结果，转变；tāpa-焦虑，痛苦；saṃskāra-潜在印迹；duḥkhaiḥ-痛苦；guṇa-德，德性；vṛtti-波动；virodhāt-冲突；ca-和；duḥkham-痛苦的；eva-确实；sarvaṃ-所有的；vivekinaḥ-对于有分辨力的人

由于变化、焦虑、潜在印迹的痛苦，也由于三德运行的冲突，对于有分辨力的人来说，确实一切都是痛苦的。（2.15）

人的生老病死的变化是对人的普遍的限制，人的快乐和痛苦依赖于善业和恶业。我们要获得快乐，却会表现出焦虑，因为我们惧怕失去那些已经获得的。快乐和痛苦是一个硬币的两个面，它们都属于生成变化的现象世界，也就是说，它们是不断变化的，不能控制的或固定的。心中留下的潜在印迹在某个时候一定会显现出来。对于普通人来说，这些变化、焦虑和潜在印迹都会带来痛苦。

根据数论哲学，人在世上由两部分构成，一部分是原人，即纯粹意识，这是我们真正的身份所在；另一部分由原质构成，原质有三种德性，即萨埵、罗阇和答磨。人人都受制于三德，人在世就如木偶一样被三德宰制。所以，对于有分辨力的人来说，不管是被萨埵所主宰，还是被罗阇或答磨所主宰，本质上都是不自由的，都是痛苦的。换言之，只要还被三德所主宰，人就是痛苦的。这里的痛苦，很多人不能理解。这是从自由、解脱、觉悟、独存的意义上说的。对于普罗大众，面对好吃的、好玩的、好看的，我们不会说是痛苦的。但具有分辨力的人看到的不是表面上的痛苦或快乐，而是看到现象的本质是痛苦的，就如佛陀明白一切皆苦一样。

हेयं दुःखमनागतम् ॥१६॥

heyaṃ duḥkhamanāgatam //

heyaṃ duḥkham-anāgatam //

heyaṃ-可避免的，可以被克服的；duḥkham-痛苦；anāgatam-还未到来

还未到来的痛苦是可以避免的。（2.16）

从时间上说，可以把痛苦分为过去的、现在的和未来的。过去的痛苦已经经历，不能更改。并且过去的痛苦的经历已经通过潜在印迹留存了下来，潜在地影响着现在和未来。现在的痛苦正在经历中，似乎也不能改变。我们唯一可以改变的就是那些还没有发生的痛苦。

因为还没有发生，所以就有可能改变它。改变的方法有多种，例如，可以改变该痛苦发生的条件，使其不发生或延缓发生。但最根本的方法是消除这种痛苦的源头，认识到我们真正的身份，我们是原人，是目击者，不是目击对象，不是原质以及原质的展示。这才是瑜伽正见。一旦有了瑜伽正见，心态就变了，对待痛苦的态度变了，而所谓的痛苦本身也会随之发生变化。

द्रष्टृदृश्ययोः संयोगो हेयहेतुः ॥१७॥

draṣṭṛdṛśyayoḥ saṃyogo heyahetuḥ //

draṣṭṛ-dṛśyayoḥ saṃyogaḥ heya-hetuḥ //

draṣṭṛ-见者；dṛśyayoḥ-所见；saṃyogaḥ-结合，合一；heya-可避免的；hetuḥ-原因

见者和所见结合，是可避免的痛苦的原因。（2.17）

前面谈到可以避免还没有发生的痛苦。如何避免呢？吠檀多说，通过自我知识。那么数论瑜伽又如何说呢？根据数论瑜伽，痛苦的根源就在于原人和原质的结合，也就是见者和所见结合。明白了这一痛苦产生的根源，也就找到了解决问题的思路。那就是：让见者和所见分离，也就是通过瑜伽让原人和原质分离，不再让它们结合在一起。正是在这一意义上，我们理解到帕坦伽利瑜伽并不是“合一”瑜伽，而是“分离”瑜伽。

प्रकाशक्रियास्थितिशीलं भूतेन्द्रियात्मकं भोगापवर्गार्थं दृश्यम् ॥१८॥

prakāśakriyāsthitiśīlaṃ bhūtendriyātmakaṃ bhogāpavargārthaṃ dṛśyam //

prakāśa-kriyā-sthiti-śīlaṃ bhūta-indriya-ātmakaṃ bhoga-apavarga-arthaṃ dṛśyam //

prakāśa-照亮，揭示；kriyā-克里亚，活力，行动；sthiti-惰性；śīlaṃ-本性，自然；bhūta-元素；indriya-感官；ātmakaṃ-由……构成，具有……的性质，所包含；bhoga-经验；apavarga-解脱；arthaṃ-目的；dṛśyam-所见

所见具有三德的性质，即光明、活力和惰性，它们由诸元素和感官构成，目的是为见者提供经验，并让见者从中获得解脱。（2.18）

三德主导的人，因为占据主导的德性不同而处于不同的生命状态。萨埵占主导，代表善良的生命状态，充满光明；罗阇占主导，代表激情的生命状态，充满活力；答磨占主导，代表愚昧的生命状态，充满惰性。

人性不是固定的，而是变化的，这是因为人的主导德性的不同。简单地把人性视为善或恶都是不科学的或不合理的。其实，简单地说人之初性本善，或人之初性本恶，都是不可取的。它们的存在反映了三德的状态。这些德性

通过五大细微元素、五大感觉器官、五大行动器官、五大粗糙元素、我慢、心意、菩提、大等显现出来，这些元素和感官等的存在，目的是为了给众多的见者（原人）提供粗糙和细微的经验，同时，还让众多的见者（原人）从中获得解脱。脱离或者离开这些元素和感官等，就没有条件谈论为见者提供丰富的经验，也无法谈论为了众多的原人提供解脱的可能和媒介。这里，帕坦伽利的哲学和数论哲学一样，都一再坚持了它们的目的论。世上的一切现象，其存在都是有目的的，都是为了一个更高的目的而提供存在的经验。

विशेषाविशेषलिङ्गमात्रालिङ्गानि गुणपर्वाणि ॥१९॥

viśeṣāviśeṣaliṅgamātrāliṅgāni guṇaparvāṇi //

viśeṣa-aviśeṣa-liṅga-mātra-aliṅga-āni guṇa-parvāṇi //

viśeṣa-有分别的，特定的，有特征的；aviśeṣa-无分别的，不是特定的，无特征的；liṅga-分化的，有标志的；mātra-只是，仅仅；aliṅga-未分化的，无标志的；āni-是；guṇa-德；parvāṇi-阶段

三德要经历有特征的、无特征的、分化的和未分化的四种状态。（2.19）

三德有四种状态，即有特征的、无特征的、分化的和未分化的这四种状态。它们分别是：

由五大元素所构成的部分，是有特征的；

由五大细微元素和我慢构成的部分，是无特征的；

由“大”或“觉”或“宇宙智性”构成的部分，是分化的；

当原质处在平衡、稳定的状态时，就是三德未分化的状态。

在瑜伽实践过程中，分别要经历有特征的、无特征的、分化的，最后经历未分化的。这个过程，被有的瑜伽士视为三摩地的不同阶段：粗糙、细微、最初和尚未发展的阶段。

द्रष्टा दृशिमात्रः शुद्धोऽपि प्रत्ययानुपश्यः ॥२०॥

draṣṭā dṛśimātraḥ śuddho'pi pratyayānupaśyaḥ //

draṣṭā dṛśi-mātraḥ śuddhaḥ-api pratyaya-anupaśyaḥ //

draṣṭā-见者，原人；dṛśimātraḥ-只是纯粹意识；śuddhaḥ-纯粹；api-尽管，即使，也，甚至；pratyaya-概念，心或心意的内容；anupaśyaḥ-认识，看到

见者只是纯粹意识，但尽管纯粹，它似乎通过心在认识。（2.20）

这节经文不容易理解。基本的意思是，见者（原人）本质上只是纯粹意识。但是尽管如此，对我们来说，这纯粹意识是通过我们的心来认识众多经验，也就是说，纯粹意识照亮了心的内容。为了让读者明确地理解这句经文，可以把它转化一下：见者（原人）是纯粹的意识。而且，正是纯粹的意识照亮了心的内容。

तदर्थ एव दृश्यस्यात्मा ॥२१॥

tadartha eva dṛśyasyātmā //

tadarthaḥ eva dṛśyasya-ātmā //

tad-那，它的；arthaḥ-目的；eva-仅仅；dṛśyasya-所见的；ātmā-见者，自我

所见仅仅是为了服务于见者的目的而存在。（2.21）

所见就是现象世界，就是经验的对象。它们的存在有一个目的，就是服务于见者，也就是原人。原人和原质之间具有这么一种关系。从这个意义上说，这个世界本身并不是痛苦的。痛苦出于错误的认同，而非现象世界本身，不是原质本身。正是因为错误的认同，人们才颠倒了关系，陷入了执着之苦，导致业以及潜在印迹，陷入了生死流转中。这种错误认同就是无明。摆正了原人和原质的关系，世界不是很美好吗？正如有的神秘主义者所说的：一切都好！一切都好！一切都好！

कृतार्थं प्रति नष्टमप्यनष्टं तदन्यसाधारणत्वात् ॥२२॥

kṛtārthaṃ prati naṣṭamapyanaṣṭaṃ tadanyasādhāraṇatvāt //

kṛta-arthaṃ prati naṣṭam-api-anaṣṭaṃ tat-anya-sādhāraṇatvāt //

kṛta-完成；arthaṃ-目的，目标；prati-向，对他；naṣṭam-摧毁，消失；api-尽管，即使，也，甚至；anaṣṭaṃ-没有摧毁，消失；tat-那（所见的）；anya-其他人；sādhāraṇatvāt-共同的，普遍的

对解脱者来说，尽管所见的局限已经消失，但对其他人而言，它仍然存在。（2.22）

现象世界就是原人和原质结合后展示出来的世界，也就是所见，即名色的世界。对于觉悟者，对于解脱者，对于独存者，这个名色的世界对他已经没有任何局限，也就是说世界现象无法限制他，他已经处于觉悟之态，更严格地说，他明白了他自身是原人而非原质，原质演化的世界对于他就如天上的云烟一样。然而，对那些还没有觉悟的人来说，由于依然处于错误的认同之中，他们依然被名色的世界所束缚，并随着业力在世界的流转中翻滚。对他们来说，也就是这个世界的限制仍将继续存在。

स्वस्वामिशक्त्योः स्वरूपोपलब्धिहेतुः संयोगः ॥२३॥

svasvāmiśaktyoḥ svarūpopalabdhihetuḥ saṃyogaḥ //

sva-svāmi-śaktyoḥ sva-rūpa-upalabdhi-hetuḥ saṃyogaḥ //

sva-自己的，指原质；svāmi-拥有者，指原人；śaktyoḥ-力量；sva-自己的；rūpa-形式；upalabdhi-认知；hetuḥ-原因；saṃyogaḥ-结合，合一

原人和原质的“结合”，是为了认识原人和原质的本性与力量。（2.23）

原人和原质是相互配合的。原人要认识自己，需要原质的帮助，通过原质来认识自己和原质是不同的，并最后让人明白人就是原人而非原质。

同时，通过这种“结合”，人们也会认识到所见就是原质，原质呈现为现象的世界。对人来说，正是这种“错误的”结合，人对原人和原质都有了认识，明白了原人的本性是纯粹意识，而原质是一种能量，通过三德幻化出这个无比复杂也无比美妙的现象世界。

तस्य हेतुरविद्या ॥ २४ ॥

tasya heturavidyā //

tasya hetuḥ-avidyā //

tasya-它的；hetuḥ-原因；avidyā-无明

这种“结合”的原因是无明。（2.24）

再一次强调说明原人和原质的“结合”的原因是无明。但这节经文是基于更高的认识来说的。

前面谈到的是在现象世界中，这里涉及的是我们认识了原人，返回去认识到错误的原因是我们错误地将原人和原质相“结合”。这种错误的“结合”或错误的“认同”就叫作无明，也就是本章第5节经文说的，把无常、不净、苦和非我认同为常、净、乐、我就是无明。

तदभावात्संयोगाभावो हानं तद्दृशेः कैवल्यम् ॥२५॥

tadabhāvātsaṃyogābhāvo hānaṃ taddṛśeḥ kaivalyam //

tat-abhāvāt-saṃyoga-abhāvaḥ hānaṃ tat-dṛśeḥ kaivalyam //

tat-那，无明；abhāvāt-没有，缺乏；saṃyoga-结合；abhāvaḥ-缺乏，消解；hānaṃ-消除；tat-那；dṛśeḥ-见者的；kaivalyam-独存，绝对独立

一旦消除无明，这种“结合”就不再发生。这就是见者的独存。（2.25）

帕坦伽利说，消除这一错误的“结合”“错误”的认同，原人、原质各归其位，原人就获得了最终的圆满——独存。

विवेकख्यातिरविप्लवा हानोपायः ॥२६॥

vivekakhyātiraviplavā hānopāyaḥ //

viveka-khyātiḥ aviplavā hāna-upāyaḥ //

viveka-分辨的；khyātiḥ-知识；aviplavā-不间断；hāna-消除；upāyaḥ-方法

摧毁无明的方法是持续不断地分辨原人和原质。（2.26）

但是，如何摧毁无明、把原人和原质分离开来呢？帕坦伽利说，方法就是“分辨”，就是分辨原人和原质的本性，通过分辨，摧毁无明。某种程度上说，帕坦伽利瑜伽也是一种智慧瑜伽。①

数论哲学说，分辨了原人和原质就是解脱。帕坦伽利接受了这一数论的结论。但在如何分辨原人和原质这一问题上，数论哲学和帕坦伽利瑜伽哲学之间还是有差异的。帕坦伽利认为，只是单纯的认识论上的分辨，还无法真正

① 其实，在传统上，数论哲学就是一种智慧瑜伽。后来，吠檀多哲学占了上风，人们开始把吠檀多哲学视为智慧瑜伽。帕坦伽利的《瑜伽经》接受了数论哲学，所以他的哲学在传统意义上是一种智慧瑜伽。

达成瑜伽的目标。还需要通过非认识论上具体的瑜伽实践，才能最终达成瑜伽的目标。所以，在某种意义上，我们可以把帕坦伽利瑜伽视为数论派哲学的应用和实践。

तस्य सप्तधा प्रान्तभूमिः प्रज्ञा ॥२७॥

tasya saptadhā prāntabhūmiḥ prajñā //

tasya saptadhā prānta-bhūmiḥ prajñā //

tasya-一个人的；saptadhā-七个阶段；prānta-最后，终极；bhūmiḥ-阶段；prajñā-分辨，智慧

获得这种认识要经历七个阶段。（2.27）

这节经文十分重要，它揭示了人们从凡到圣、从无明到光明、从不觉悟到觉悟、从束缚到自由的阶段或者完整的过程。可惜的是，帕坦伽利在此没有详细告诉我们哪七个阶段。不过，毗耶娑倒是详细叙述了这七个阶段：

第一阶段：知道了应该消除痛苦，不再有需要知道的其他内容。消除痛苦是根本（佛陀的教导也是如此）。

第二阶段：消除了应该消除的原因，也就是，摆脱了见者（原人）和所见（原质）之间的结合，不再有需要消除的其他原因。

第三阶段：通过三摩地（首先是有种三摩地，之后是无种三摩地）亲证，征服了原人和原质的结合。

第四阶段：拥有了强大的分辨能力，完全不再可能退转而重新陷入原人和原质的结合中。

第五阶段：觉知完成了人自身的使命，即感知和解脱之任务。

第六阶段：三德，即萨埵、罗阇和答磨没有了根基，返回到原初物质即原质中，此时它们和心一并消融。

第七阶段：三德返回原质，不会再次产生并发挥作用。如此，原人和原质彻底分离，成为仅仅是自身状态，即成为独存者。[①]

① 参见钵颠阇利著，黄宝生译：《瑜伽经》，北京：商务印书馆2016年，第60-61页。

योगाङ्गानुष्ठानादशुद्धिक्षये ज्ञानदीप्तिराविवेकख्यातेः ॥२८॥

yogāṅgānuṣṭhānādaśuddhikṣaye jñānadīptirāvivekakhyāteḥ //

yoga-aṅga-anuṣṭhānāt-aśuddhi-kṣaye jñāna-dīptiḥ-ā-viveka-khyāteḥ //

yoga-瑜伽；aṅga-支；anuṣṭhānāt-来自实践；aśuddhi-不净；kṣaye-摧毁； jñāna-智慧的，知识的；dīptiḥ-光；ā-从，向；viveka-分辨；khyāteḥ-知觉，清晰

通过修习瑜伽八支，一旦除去了所有的不净，智慧之光就分辨了原人和原质。（2.28）

知道了觉悟或达到瑜伽目标，需要理论上明白，更需要实践上了悟。但如何可能达到这样的境地呢？帕坦伽利说通过修习瑜伽八支。瑜伽八支，可以消除所有的不净，最终经由智慧之光分辨原人和原质。所以，瑜伽八支，并不像一般人通常所理解的那样，它的目的是消除不净，将我们带向智慧，经由智慧带来分辨，分辨原人和原质的本质，分离原人和原质，最终达成瑜伽的自由之目标。

至此，我们应该理解了为何要修习瑜伽（瑜伽目标），也知道为何要修习帕坦伽利所倡导的瑜伽八支（达到瑜伽目标的实践之道）。从生命管理的角度看，我们找

到了生命管理的意义之所在（瑜伽目标），也确定了达成生命意义的通道（瑜伽八支）。沿着这条道路前行，就可避免只有理论没有实践（克服了帕坦伽利认为的数论哲学之“弊端”），规范了行动的路线图（基于实践的瑜伽八支）。可以说，帕坦伽利为我们的生命管理提供了有效的行动蓝图。

यमनियमासनप्राणायामप्रत्याहारधारणाध्यानसमाधयोऽष्टावङ्गानि ॥२९॥

yamaniyamāsanaprāṇāyāmapratyāhāradhāraṇādhyānasamādhayo’ṣṭāvaṅgāni //

yama-niyama-āsana-prāṇāyāma-pratyāhāra-dhāraṇā-dhyāna-samādhayaḥ aṣṭau-aṅgāni //

yama-禁制；niyama-劝制；āsana-坐法，体位；prāṇāyāma-调息；pratyāhāra-制感；dhāraṇā-专注；dhyāna-冥想；samādhayaḥ-三摩地； aṣṭau-八；aṅgāni-支

瑜伽八支是：禁制、劝制、坐法、调息、制感、专注、冥想、三摩地。（2.29）

前面我们谈到了克里亚瑜伽。有人把克里亚瑜伽和瑜伽八支分离，认为克里亚瑜伽是瑜伽的起步。这一理解并不很确切。事实上，帕坦伽利并没有把克里亚瑜伽分离出来、独立出来，它是整个瑜伽系统中一个比较高层的环节。帕坦伽利在第一章三摩地篇中说，通过修习和不执可以约束心的五种波动。沿着这一指导，克里亚瑜伽将修习再朝下深入一步：苦行、自我研习和顺从自在天。这里的瑜伽八支，是对克里亚瑜伽的进一步推进，同时也是对不执的更加具体的落实。所以，我们更倾向于把克里亚瑜伽

视为生命管理中的一个重要环节，它还可以再具体地落实到瑜伽八支中。

从生命管理的角度看，瑜伽八支是一个相当完整的个体化生命管理系统。第一支到第五支，即禁制、劝制、坐法、调息、制感，为外支；专注、冥想、三摩地这三支，为内支。外支服务于内支。外支的目的是排除阻碍瑜伽士走向瑜伽目标的各种局限、限制，而其中的“制感”一支则是重要的分水岭，有时，我们也可以把“制感”视为内支。通过前四支即禁制、劝制、坐法、调息的修习，我们已经得到了相当程度的净化，但还没有真正走向转折性的一步，只有通过“制感”这一转折的一步，瑜伽才开始由外向内、从名色现象走向终极本质。

大致说来，这八支涉及的内容包括：

禁制：社会生活的法则。

劝制：个人生活的法则。

坐法：静坐，之后也扩展为各种体位。

调息：呼吸控制习练。

制感：感官内摄。

专注：稳定心。

冥想：深度专注。

三摩地：冥想达到特定高度，进入不同层次的三摩地，最终达到原人和原质分离之境。

也有学者研究认为，瑜伽八支和脉轮瑜伽中的八个脉轮有对应关系。在传统脉轮瑜伽中，认为人有七个重要脉轮。但根据第四吠陀即《阿闼婆吠陀》（10.2.31），人有八个重要脉轮，分别是根轮（海底轮）、生殖轮、脐轮、心轮、喉轮、眉间轮、宾度轮（心意轮）和顶轮。巴克里希那（Acharya Balkrishna）认为，这八个脉轮分别对应禁制、劝制、坐法、调息、制感、专注、冥想和三摩地。[①]

① Acharya Balkrishna, *A Practical Approach to The Science of Ayurveda: A Comprehensive Guide For Healthy Liviing*, Twin Lakes: Lotus Press, 2015, pp.88-90.

अहिंसासत्यास्तेयब्रह्मचर्यापरिग्रहा यमाः ॥३०॥

ahiṃsāsatyāsteyabrahmacaryāparigrahā yamāḥ //

ahiṃsā-satya-asteya-brahmacarya-aparigrahāḥ yamāḥ //

ahiṃsā-不杀生，非暴力，不害；satya-不说谎，真实；asteya-不偷盗；brahmacarya-不纵欲，贞守，梵行；aparigrahāḥ-不贪婪，不执取；yamāḥ-禁制

禁制就是不杀生、不说谎、不偷盗、不纵欲、不贪婪。（2.30）

禁制中最重要的是不杀生或非暴力。其他四条戒条，都是从这条戒条延伸出来的。所以，要遵守禁制，最核心的是不杀生或非暴力。

然而，从现实看，几乎没有人能做到绝对意义上的不杀生或非暴力，那些得道高僧做不到，宗教领袖做不到，就是圣人佛陀也做不到。这是为什么？因为，佛陀说过，我们喝的水中就有无数的生命，无法避免不杀生。耆那教倡导不杀生或非暴力，并且非常严格。他们喝水也需要过滤，防止喝下小生命。

但是，只要你懂一些科学道理，就可以知道，最严格的素食者也是吃荤杀生的。例如，你吃蔬菜。你以为是不

杀生的。事实上，那蔬菜上可能就有很多小虫子。你哪里能避免绝对的不杀生呢？即便你把每条虫子小心“放生”了，你也抢了它们的“食物”，很多虫子就饿死了。你间接地杀了它们。有个瑜伽大师曾说，你穿了皮鞋，因为皮鞋是用牛的皮做的，所以你参与了杀生。（当然，也有的牛皮是由死去的牛的皮做的，这个就不讨论了。）还有的人说，我们需要向马、羊、兔子、猴子、大象等学习“吃素”，但经过分析，说它们是“素食”的，是不对的。例如羊吃百草，但在吃百草的时候，一定会把很多小虫子吃掉。一头牛或一头大象，在自然中一天要吃很多“素食”，但就在吃“素食”的同时，无意中会吃掉很多虫子。严格地说，说它们是“素食者”是不对的。

如果过于严格，你会发现你真的寸步难行。我说这么多，是要让大家更真实地理解帕坦伽利这句经文的含义。不杀生，不应该是绝对意义上的，它和我们人的心念有关。如果你心中有杀生的念头，那才是真正的杀生。你喝口大自然中的清水，无意中自会去杀生。但这不是帕坦伽利在这里所谈的不杀生。不杀生不是教条，也不是束缚人的绝对形式，而是告诉我们时刻需要保持瑜伽正念。

जातिदेशकालसमयानवच्छिन्नाः सार्वभौमा महाव्रतम् ॥३१॥

jātideśakālasamayānavacchinnāḥ sārvabhaumā mahāvratam //

jāti-deśa-kāla-samaya-anavacchinnāḥ sārva-bhaumāḥ mahāvratam //

jāti-种姓，等级；deśa-地点；kāla-时间；samaya-环境；anavacchinnāḥ-不受限制；sārvabhaumāḥ-普遍的；mahāvratam-大誓言

这些大誓言是普遍的，不受种姓、地点、时间和环境的限制。（2.31）

对于印度传统，不杀生、不说谎、不偷盗、不纵欲、不贪婪可是大誓言。这是我们首先需要知悉的。下面，我们先来看看毗耶娑是如何解释这节经文的。

“这些大誓言是普遍的，不受种姓、地点、时间和环境的限制。其中，不杀生按照种姓划分，如渔夫杀生限于杀鱼，不杀其他。按照地点划分，如‘我在圣地不杀生’。按照时间划分，如‘我不在半月的第十四日和圣洁的日子杀生’。同样，虽然摆脱了这三者，而按照环境划分，如‘除非为了天神和婆罗门，我不杀生’。这也如同除非在战斗中，刹帝利不杀生。”[①]从毗耶娑的解释看，

① 钵颠阇利著，黄宝生译：《瑜伽经》，北京：商务印书馆2016年，第64—65页。

这个普遍性似乎还是有例外的，就如法律里规定不可杀人，但法律同时也给予人以正当防卫的权力，在正当防卫中，杀死对方并没有罪。类似地，我们走路的时候、喝水的时候的“暴力”，就应该是毗耶娑所说的情况。

但是，有瑜伽士如萨奇答南达认为，帕坦伽利所说的大誓言必须完全字面地理解，没有例外，它不是针对诸如渔夫之类的，而是针对潜心实践瑜伽的瑜伽士。在极大程度上，他们必须完全执行这个大誓言。[①]

我个人对这个大誓言或戒条的理解是非常现实的，任何瑜伽士都不可能避免绝对意义上的不杀生。尽管有瑜伽士如拉斐尔指出帕坦伽利从禁制中揭示了生命的一体性，即非暴力是对生命一体性不理解的抵制，[②]但生命的一体性并不等于包含了生命之间绝对不能出现“暴力”（不管是哪种形式的暴力）。生命本来就是一体的，但在这个宇宙中，在三德构成的世界里，暴力（不管是哪种形式的暴力）必定存在。对于瑜伽士，不会发生同类生命之间的暴力，并避免和其他低等生命之间的暴力，然而，只要“常

---

① Sri Swami Satchidananda, *The Yoga Sūtras of Patañjali with Translation and Commentary*, Virginia: Integral Yoga Publications, 2013, p.119.

② Cf. Raphael, *The Regeal Way to Realization(Yogadarśana)*, New York: Aurea Vidya, 2012, p.74.

在河边走，哪有不湿脚”。在生命管理中，不应过于纠结，不能做教条主义的瑜伽士。

शौचसन्तोषतपःस्वाध्यायेश्वरप्रणिधानानि नियमाः ॥३२॥

śaucasantoṣatapaḥsvādhyāyeśvarapraṇidhānāni niyamāḥ //

śauca-santoṣa-tapaḥ-svādhyāya-īśvara-praṇidhānāni niyamāḥ //

śauca-纯净，纯洁；santoṣa-满足，满意；tapaḥ-苦行；svādhyāya-自我研习，研读；īśvara-praṇidhānāni-顺从自在天；niyamāḥ-劝制

劝制就是纯净、满足、苦行、自我研习、顺从自在天。（2.32）

禁制体现了人的社会生活的法则，而劝制则体现了人的个体生活的法则。禁制更多的是规范人的外在关系，劝制则更多的是规范人的内在关系。帕坦伽利的劝制是个体自我的内在修持 / 修养。

读者可以注意到，本章开头的经文已经谈到了苦行、自我研习、顺从自在天，这里再一次谈到。如何理解？我们在前面已经解释了克里亚瑜伽是一个高级的瑜伽指导。在瑜伽八支的教导中，也包含苦行、自我研习、顺从自在天。有的瑜伽人说，帕坦伽利这里重复了。也有瑜伽学者提出了前后经文含义不同。我在第一章谈到为何最后帕坦伽利没有再谈及喜乐三摩地和有我三摩地，但有人怀疑

《瑜伽经》文本本身的逻辑性，认为帕坦伽利的文本存在瑕疵。我们不想否定《瑜伽经》文本的完整性、完备性，而更倾向于对文本做调整性的理解。

就这节经文来说，我们可以说它重复了克里亚瑜伽。如果克里亚瑜伽做得彻底，就可以达到瑜伽的顶峰。但一般情况下，人们无法达至顶峰，只能说是“瑜伽的起步”。它是从劝制中凸显出来的。但从深层次上理解，苦行就是净化自我，自我研习（或研读）就是探索自我或认识自我，顺从自在天就是安住自我。这样的表达是真正的克里亚瑜伽，而表现性的苦行、自我研习、顺从自在天，则是劝制中的含义。针对普通人的普通实践，像顺从自在天甚至可以从外在对象的崇拜去理解。

वितर्कबाधने प्रतिपक्षभावनम् ॥ ३३ ॥

vitarkabādhane pratipakṣabhāvanam //

vitarka-bādhane pratipakṣa-bhāvanam //

vitarka-消极思想；bādhane-受扰乱时；pratipakṣa-相反思想，（这里是）积极思想；bhāvanam-想到

受到消极思想扰乱时，就应该想到积极思想。（2.33）

人都是“途中的存在者”，容易在途中被不同的对象“染色”，所以人需要瑜伽。

谚语有云，近朱者赤，近墨者黑。如果某人长期处于消极思想环境下，他就容易陷入消极思想，而不易看到世界的美好。但如果长期处于积极思想环境下，就容易看到世界充满阳光。消极思想对人的身心健康不利，对瑜伽士来说，会阻碍瑜伽目标的达成，这是因为，瑜伽的目标是把人们引导到萨埵之德，也就是善良之德中。而消极思想容易处于答磨之德，也就是愚昧之德中，会限制人们走向自我超越，把生命更深地束缚起来。从生命管理的角度看，我们需要积极思想。如果遇到消极思想，被消极思想干扰的时候，可以通过积极的思想来摆脱、抵御消极思想带来的扰动。

वितर्का हिंसादयः कृतकारितानुमोदिता लोभक्रोधमोहपूर्वका मृदु मध्याधिमात्रा दुःखाज्ञानानन्तफला इति प्रतिपक्षभावनम् ॥३४॥

vitarkā hiṃsādayaḥ kṛtakāritānumoditā lobhakrodhamohapūrvakā mṛdumadhyādhimātrā duḥkhājñānānantaphalā iti pratipakṣabhāvanam //

vitarkāḥ hiṃsā-ādayaḥ kṛta-kārita-anumoditāḥ lobha-krodha-moha-pūrvakāḥ mṛdu-madhya-adhimātrāḥ duḥkha-ajñāna-ananta-phalāḥ iti pratipakṣa-bhāvanam //

vitarkāḥ-消极思想；hiṃsā-暴力，杀生；ādayaḥ-等等；kṛta-完成；kārita-引发去完成；anumoditāḥ-证实；lobha-贪婪，贪；krodha-嗔怒，嗔；moha-混乱，痴迷；pūrvakāḥ-首先的，之前的；mṛdu-温和；madhya-中度；adhimātrāḥ-猛烈，强烈；duḥkha-痛苦；ajñāna-无明，无知；ananta-无尽的，无限的；phalāḥ-果实，结果，成果；iti-因而；pratipakṣa-相反的一面；bhāvanam-展示的，想到，认识到

消极思想，如暴力、不诚实，可能会直接产生或被间接地引发，甚至怂恿行动，伴随贪婪、嗔怒、痴迷，无论其强度是温和的、中度的还是猛烈的，都会导致无尽的痛苦和无明。人们应该认识到这一点，并培养积极思想。（2.34）

帕坦伽利在这里告诉我们思想的功能和影响、作用。好思想带来好人生；不好的思想带来糟糕的人生。消极

的、悲观的、虚无的、暴力的思想，不仅对他人也给自己带来消极的后果，导致无穷的痛苦，陷入无明的黑暗。

这一节是对上一节进一步的说明，强调我们有必要不断培养积极的思想。它暗示了思想或观念对人的生命塑造以及对人所选择的道路走向和命运的影响。帕坦伽利呼吁瑜伽士要培养正向的观念或积极的思想。从生命管理的角度看，消极的思想、暴力性的思想会阻碍甚至终止生命的成长。而积极的思想、和平的思想则促进以至于加速我们生命的成长，达成我们的瑜伽目标。

瑜伽实践需要合适的外在环境和内在环境。禁制，在很大程度上保障了我们的外在环境。劝制，在很大程度上保障了我们的内在环境。外在环境有问题，是无法达成瑜伽目标的，而内在环境有问题，同样也不能达成瑜伽目标。就内在环境而言，没有正能量的、积极向上的、温和纯净的思想或观念，同样不可能达成瑜伽目标。只有内外环境都具备的情况下，我们才能真正启动瑜伽进一步的实践，进入真正的瑜伽轨道。为了保障这条瑜伽之道的通畅，有必要培养积极的、善的、和谐的、充满正能量的思想或观念。

अहिंसाप्रतिष्ठायां तत्संनिधौ वैरत्यागः ॥३५॥

ahiṃsāpratiṣṭhāyāṃ tatsaṃnidhau vairatyāgaḥ //

ahiṃsā-pratiṣṭhāyāṃ tat-saṃnidhau vaira-tyāgaḥ //

ahiṃsā-不杀生，非暴力，不害；pratiṣṭhāyāṃ-立足，确立；tat-那；saṃnidhau-接近，在场；vaira-敌意；tyāgaḥ-终止，停止

当一个人不再杀生时，所有生物都不会对他产生敌意。（2.35）

如果人不杀生，心中自会散发出慈悲、祥和、自然的能量波动。周围的生物或同类可能会感受到这种慈悲、祥和、自然的能量波动，因而不会心生提防、警惕、恐惧。在很多情况下，人们都可以体验到这一点。

当然，你也不能说你不杀生，不起杀念，周围人或其他生物就不会对你施“暴”。其实这是另一个问题。我们看到，耶稣充满爱和非暴力，但他死在了暴力之下。甘地和马丁·路德·金推行非暴力，他们都死在了暴力之下。你辛苦驯化的狗狗，有一天变成疯狗咬了你。我们都听过农夫和蛇的故事，农夫善良、充满爱的能量波动，这并没有阻止蛇不咬这位农夫。对于这个问题，我们需要有更高的知觉，不要陷入纠结中。

我们不能做瑜伽知识的教条主义者，而应该站在更高的维度来理解名色的现象世界。觉悟者超越三德钳制，自在，自由，但只要他还在名色的现象世界中活动，他的各种结果基本上都受制于三德本身的运行法则。

सत्यप्रतिष्ठायां क्रियाफलाश्रयत्वम् ॥३६॥

satyapratiṣṭhāyāṃ kriyāphalāśrayatvam //

satya-pratiṣṭhāyāṃ kriyā-phala-āśrayatvam //

satya-真实，不说谎；pratiṣṭhāyāṃ-立足，确立；kriyā-行动，克里亚；phala-果实，结果；āśrayatvam-有帮助，顺从，依靠

当一个人不再说谎时，行动和结果就相互依赖。（2.36）

一个人，不说谎，就没有虚假，不用做作，可以避免种种扭曲。行动和结果是联结在一起的。有什么样的行动，就会带来什么样的结果。谎言是一种摩耶，遮蔽真实。人们在谎言下生活，对说谎者是一种扭曲，对被谎言遮蔽者也是一种扭曲。当然，说谎不仅可以针对他人，也可以针对自己。人在世上本来就充满了重重叠置，谎言是一种特别强大的遮蔽，它会改变说谎者的人生，也会影响受谎言影响者的人生。

我们或许很痛恨说谎者，因为他把人带入一个虚假的世界。瑜伽修习是一种去“谎言”的过程。变得真实包含种种维度，而努力让自己变得真实，就要求避免谎言。因为，谎言会使人迷失自我。

瑜伽是一条自我探索的道路，是去蔽的方法或手段。在生命管理中，真实的人离瑜伽目标不远。说谎者则远离了瑜伽目标。

然而，在三德的主宰之下，即便在萨埵之德主导下，也会出现说谎，只是这种谎言是善意的，或为了对方的好，大家的好，民族国家的好，人类的好，自然万物的好，等等。而只有站在觉悟者、解脱者的高度看，才可能没有谎言。如果人们的瑜伽是为了锻炼身体，那么我们所谈的似乎就不太适用了。

अस्तेयप्रतिष्ठायां सर्वरत्नोपस्थानम् ॥३७॥

asteyapratiṣṭhāyāṃ sarvaratnopasthānam //

asteya-pratiṣṭhāyāṃ sarva-ratna-upasthānam //

asteya-不偷；pratiṣṭhāyāṃ-立足，确立；sarva-所有的；ratna-财富，珍宝；upasthānam-靠近

当一个人不再偷盗时，一切财富就接近他了。（2.37）

不偷盗，意味着没有一个被罗阇或答磨控制的“我慢”，不会从他人那里非法获取所欲之物，如金钱、财物、名声、地位、权力等。不偷盗的人是富足的。不偷盗可以表现为形式的、外在的“不偷盗”，也可以表现为内容的、内在的“不偷盗”。如果形式上不去偷盗，但心里却在想着，这不是真的不偷盗。心里想得到什么，本质上他就已经在行动了。从业的角度看，就必然产生潜在印迹。瑜伽修习是一种特别的训练，会让我们摆脱内在形式的“不偷盗”。

帕坦伽利是一位吠陀仙人。他对财富的理解和我们今日普遍流行的财富观很不一样，人们通常理解的财富一般指的是物质财富。根据吠陀传统，财富包含多重含义。古

代印度有位女神叫拉克什米（Lakshmi），她代表如下八种财富含义：初始财富（人生下来就包含了上天配置的财富，如健康、特定家庭、文化和教育）、金钱财富、粮食财富、勇气财富、权力和声望财富、子女财富、富裕和捐赠财富，以及胜利财富。[①]一个人不偷盗，意味着上述财富全都可能靠近他。也有人解释说，人不偷盗，意味着心地释然，不会担心，变得自然喜乐以及满足，而这就是一种特别的财富——满足！

① 马赫什·帕布著，王志成、曹政译：《吠陀智慧》，成都：四川人民出版社2018年，第156–159页。

ब्रह्मचर्यप्रतिष्ठायां वीर्यलाभः ॥३८॥

brahmacaryapratiṣṭhāyāṃ vīryalābhaḥ //

brahmacarya-pratiṣṭhāyāṃ vīrya-lābhaḥ //

brahmacarya-自制，不纵欲，贞守；pratiṣṭhāyāṃ-立足，确立；vīrya-活力，能量；lābhaḥ-获得

当一个人不再纵欲时，他便会获得能量。（2.38）

控制了欲望就是不纵欲。人的欲望是一种能量，可以用于不同的目的。其实，人在世上一直和欲望打交道。欲望服务于更高目标，这欲望就成了爱。不纵欲，可以节约能量，可以更好地从事瑜伽修习，从而获得能量，充满活力。我归纳过处理欲望问题的一些思考，供大家参考：

第一，欲望伴随着人的一生。

第二，人在不同的年龄段，欲望展示的特点会有差异。

第三，欲望可以被挑动。不同欲望有不同的挑动方式。人有三德，萨埵、罗阇和答磨，对应三类不同的欲望，即善良型欲望、激情型欲望和愚昧型欲望。

第四，欲望对他人或自身的作用有一个界限。超过这个界限，欲望就会给自己或他人带来烦恼或痛苦。

第五，欲望控制有硬性控制和软性控制。不同的控制方法和效果因人而异。

第六，真正控制或主宰欲望的人是超越三德的人，是自在天。

第七，不纵欲是一门需要探索的艺术。我们不做教条主义者，而应该现实地看待欲望。需要基于三德的属性和功能来思考欲望、对待欲望。

人们有时也把brahmacarya直接翻译成“禁欲”，甚至禁止的是性欲。其实，brahmacarya由brahma和carya组合而来。Brahma指至上存在，即梵，而carya指生活。所以，brahmacarya可以理解为过一种梵一般的完美生活。如何能过这样的生活呢？就是要保守自己的基本能量，这个基本能量的基础是性能量。也就是说，不能让自己执着性，因为这会消耗你的基本能量。Brahmacarya翻译成禁欲不是全错，但要突出能量保守的重要性。然而，从正常人的发展看，欲望不展示是不可能的。从小到大，能量一直在。能量管理得好，可以成就一个人；管理得不好，在不同阶段都有可能带来麻烦——健康的麻烦，关系的麻烦，社会的麻烦。从生命管理的角度看，翻译成“不纵欲”比较合理。不纵欲，不等于禁欲。帕坦伽利通晓阿育吠陀，自然可以理解阿育吠陀对待性欲和其他欲望的科学态度。他强调的是对欲望的科学管理。当一个人能很好地管理自己的欲望时，他就能获得足够的奥伽斯（ojas）能量。所以，我们从这里可以理解帕坦伽利强调brahmacarya（不纵欲），让我们充满能量的流动，积聚充分的能量，来促进瑜伽目标的实现。

अपरिग्रहस्थैर्ये जन्मकथन्तासम्बोधः ॥३९॥

aparigrahasthairye janmakathantāsambodhaḥ //

aparigraha-sthairye janma-kathantā-sambodhaḥ //

aparigraha-不贪婪；sthairye-确定，肯定；janma-出生；kathantā-缘由；sambodhaḥ-觉知，明白，觉悟

当一个人不再贪婪时，他就会完全明白如何出生以及为何会出生。（2.39）

贪婪，主要指占有财物、接受礼物。萨拉斯瓦蒂说，“不贪婪是最重要的德性之一。它意味着放弃有用的和享受的对象。求道者只保持那些生活必需品。”[①]严格的不贪婪，甚至表现为只穿一件衣服，或者甚至不在同一个地方（如房子）超过一个晚上。不贪婪的人，他们心放松，随时可到其他地方承担职责。当然，这对绝大部分人是难以做到的，也是不现实的。

本质上，不贪婪是对自身心的训练和控制。不贪婪是一种心的状态，而非不接触任何对象，不享用任何对象。萨拉斯瓦蒂认为，“如果不贪婪这一特定的修习持续超越

① Swami Satyananda Saraswati, *Four Chapters on Freedom*, Bihar: Yoga Publications Trust, 2013, p.197.

合理限度，就会带来软弱和困扰。然而，在起初这一实践是必要的，以便打破旧习惯。旧习惯一旦被打破，人们可以拥有不同的东西，这些东西对于社会工作和服务人类是必需的”[①]。

一个人一旦能做到不贪婪，就可以知道自己的前世和来生。这如何解释呢？事实上，这可以是一种哲学性的理解。当一个人做到了真正的不贪婪，他就可以明白是因着贪婪而留下的潜在印迹导致了最终的痛苦和生命的流转，就会明白前世的出生是因为贪婪，他也就会知道未来的结局，即轮回终止，进入三摩地，最终达成原人和原质的分离，达到独存之境。

① Swami Satyananda Saraswati，*Four Chapters on Freedom*，Bihar：Yoga Publications Trust，2013, p.197.

शौचात्स्वाङ्गजुगुप्सा परैरसंसर्गः ॥४०॥

śáucātsvāṅgajugupsā parairasaṃsargaḥ //

śaucāt-sva-aṅga-jugupsā paraiḥ-asaṃsargaḥ //

śaucāt-通过纯净；sva-一个人自己的；aṅga-身体，躯体；jugupsā-厌恶；paraiḥ-与他人；asaṃsargaḥ-终止接触

纯净使人疏远身体，厌恶与他人接触。（2.40）

我们已经讨论了禁制，接下来讨论劝制。

纯净首先是身体纯净，当然也包含了思想和心灵纯净。人追求身体纯净，使得身体成为一个独特的容器。我们可以把身体视为原质的展示，身体载着它的主人——原人。为了更好地修习，通过苦行来净化身体。纯净让人“洁身自好”，不喜欢或讨厌和他人接触，主要是不愿意有身体上的接触，但也可以包含不愿意有心灵上的接触。

瑜伽往往把身体视为纯粹自我即原人的居所。为了让这个纯粹自我安住，就需要为之提供好的环境。所以，身体净化很重要。传统上，通过饮食和生活方式让身体净化。传统的阿育吠陀是很好的身体净化方式。而瑜伽中的禁制和劝制、坐法、呼吸、制感、专注、冥想等都是净化之法。如果你的瑜伽是高度三摩地导向的，时间长了，就能体会到帕坦伽利所说的“纯净会使人疏远身体，厌恶与他人接触”是很准确的。从个体生命管理的有效性看，这不仅是必需的，而且也是自然而然的。

然而，这往往是针对专职瑜伽修习者的。普通人如何能够做到呢？起码在形式上很难做到，因为都是生活中的人。瑜伽士也必须和人接触，如果对他人的身体心生厌恶，就可能会遇到种种问题。遇到这样的问题，我们不是要去改变世界本身，而是要改变我们自身。具备了一定的瑜伽素质，就会发生内在的质变，就能保持内在的纯净。事实上，作为普通人或普通的瑜伽士，需要发展的重点是内容上的纯净，这种纯净不需远离身体，而是要发展出超然的态度和不执的内在力量。

सत्त्वशुद्धिसौमनस्यैकाग्र्येन्द्रियजयात्मदर्शनयोग्यत्वानि च ॥४१॥

sattvaśuddhisaumanasyaikāgryendriyajayātmadarśanayogyatvāni ca //

sattva-śuddhi-sau-manasya-eka-agrya-indriya-jaya-ātma-darśana-yogyatvāni ca //

sattva-萨埵，善良属性；śuddhi-纯净，净化；saumanasya-心意的快乐；ekaagrya-心注一处；indriya-感官；jaya-控制，掌控；ātma-自我；darśana-看见；yogyatvāni-适合；ca-和

因为身体纯净，带来思想纯净，心灵纯净，心生欢喜，心注一处，控制感官，得以觉悟自我。（2.41）

这节经文阐明了身体纯净所带来的功效。身体纯净带来了思想纯净，身体纯净、思想纯净进一步带来了心灵纯净。心灵纯净了就会心生欢喜，就会心注一处。心注一处，就可以控制感官。而感官得到了控制，就可以觉悟自我。所以，“纯净”是通向瑜伽最终目标的康庄大道。

就如水杯中的杂质让水浑浊而不能通透一样，身体不纯，思想就难以纯净，心灵更难通透，心中无法升起喜乐，就难以专注，更无法控制感官。在劝制中，帕坦伽利把纯净放在第一条，这说明纯净对于个体净化、走向更高瑜伽目标是多么重要。

सन्तोषादनुत्तमः सुखलाभः ॥४२॥

santoṣādanuttamaḥ sukhalābhaḥ //

santoṣāt-anuttamaḥ sukha-lābhaḥ //

santoṣāt-由于满足；**anuttamaḥ**-至上的，最高的；**sukha**-喜乐；**lābhaḥ**-获得

由于满足，人得到最大快乐。（2.42）

因为满足，就不会贪婪，喜乐就自然生起。我们可以感受到来自感官的快乐、心理的快乐、心智的快乐等。但不管哪种快乐，都是自我本身具有的快乐本性之展示。这种展示，如果被三德遮蔽了，人就不会感受到终极的快乐。一般而言，为罗阇属性所遮蔽，人的快乐是二元性的，是苦乐交织的。如果为萨埵所遮蔽，人的快乐就比较稳定，可以说是宁静之喜乐，但它是一种善良属性的喜乐。而人因为满足而满足，可以说，他的满足来自自我本身，他的快乐超越了普通人所谈论的二元性快乐，超越了三德的快乐，是不二的快乐，是无遮蔽的快乐，是快乐本身。[①]

---

① 对快乐的深度思考，可以参见《瑜伽喜乐之光》（室利·维迪安拉涅·斯瓦米著，斯瓦米·斯瓦哈南达英译，王志成汉译并释论，四川人民出版社2017年第二版）。

कायेन्द्रियसिद्धिरशुद्धिक्षयात्तपसः ॥ ४३ ॥

kāyendriyasiddhiraśuddhikṣayāttapasaḥ //

kāya-indriya-siddhiḥ-aśuddhi-kṣayāt-tapasaḥ //

kāya-身体，躯体；indriya-感官；siddhiḥ-超异能力，特殊的能力；aśuddhi-不净；kṣayāt-得以清除，得以消除；tapasaḥ-苦行

由于苦行，不净得以清除，身体和感官因此获得特殊的能力。（2.43）

我们已经在前面谈到了苦行、苦行的真正意义和目的之所在。但根据萨拉斯瓦蒂，这一节所谈的“苦行”不同于本章第1节所说的“苦行”。这一节的“苦行”似乎更适合从“表面”理解。西方当下流行的“瑜伽”，很大程度上可以说就是“苦行”瑜伽。他们从事艰难的体位训练，这就是一种苦行。真正的苦行无关竞争，而是关乎一个人对自己身体和感官极限的挑战。这一挑战可能就暗示了第三章所涉及的“瑜伽的力量”，也就是这里的“特殊的能力”。通过苦行，净化身心，身体和感官获得特殊的能力。萨拉斯瓦蒂说，这里的苦行包含让身体承受艰难困苦以便身体能够忍受热、冷、毒，等等。萨拉斯瓦蒂为消除身体的不纯提供了五种“苦行”建议：

1．让身体多暴露在日光下；

2．让身体多忍受火之热；

3．通过调息在身体内创造出热；

4．通过专注一点来发展专注之火；

5．通过禁食获得禁食之火。

通过这五种苦行消除身体的不纯并强化身体，使得身体更加适合冥想。

स्वाध्यायादिष्टदेवतासम्प्रयोगः ॥४४॥

svādhyāyādiṣṭadevatāsamprayogaḥ //

svādhyāyāt-iṣṭa-devatā-samprayogaḥ //

svādhyāyāt-自我研习，经由学习，通过研读；iṣṭa-喜爱的，钟爱的；devatā-神；samprayogaḥ-合一，共享，相融

通过自我研习，可以和择神相融合。（2.44）

传统上，自我研习就是阅读研究吠陀经典，同时念诵曼陀罗。在某种意义上，念诵曼陀罗更体现出自我研习的内涵。为何自我研习可以和择神融合呢？Iṣṭadevatā（择神）是一种萨克提（śhakti），一种能量。这种能量因为人的“虔诚”而可以呈现为“人格（择神）”的一面，而当理性升起时，这一能量所呈现的“人格”一面就会消失。基于这样的理解，自我研习，高度投入，人就可能见到他的择神，即萨克提能量呈现为“人格”的一面。人们通过这种“人格”神而融入其中。这里的择神，和西方宗教所谈论的“神”是不同的。本质上，择神就是宇宙能量的变化，基于人的感情之深度或专注之深度而呈现为人格化的神。

समाधिसिद्धिरीश्वरप्रणिधानात् ॥४५॥

samādhisiddhirīśvarapraṇidhānāt //

samādhi-siddhiḥ-īśvara-praṇidhānāt //

samādhi-三摩地；siddhiḥ-达到；īśvara-自在天；praṇidhānāt-通过顺从

通过全然地顺从自在天，可获得三摩地。（2.45）

全然顺从自在天似乎很难。但帕坦伽利肯定了它的可能性和结果。这个自在天不是创造天地的神，而是一个特殊的原人，他超越时间和空间，是众瑜伽士导师的导师，是第一人。通过顺从于他，人们可以达到三摩地。这可能被视为瑜伽恩典论的思想。这是值得讨论的问题。有关讨论，参见第一章第26节经文的注释。

可能有人会追问，《瑜伽经》第二章第1节所谈的克里亚瑜伽是不是就是劝制中的内容呢？或者说，劝制中的内容是不是在重复第1节的内容？对于这一问题，应该很有争议。如果是重复的，内容一样，帕坦伽利又何必专门提出克里亚瑜伽？如果不一样，为何文字内容是一样的？这样不是容易陷入语言的混乱吗？不同瑜伽士或学者对此有着各种各样的解释。各种解释都有各自的道理，我们甚至可以怀疑文本本身。我们认为，尽管它们在文字上一样，但含义还是有差别的。前者（克里亚瑜伽）可被视为更高层面的瑜伽修习，而后者（劝制）则突出修习的初级预备阶段，更适合字面的理解。

然而，我们必须肯定的是，瑜伽八支以及禁制和劝制中的任何一条都和瑜伽最高目标同等距离。一方面，瑜伽实践有次第、有“高低”，但另一方面，也肯定修习途中的任何一点都有可能直抵瑜伽的最高目标。

स्थिरसुखमासनम् ॥४६॥

sthirasukhamāsanam //
sthira-sukham-āsanam //

sthira-稳定；sukham-舒适，满意；āsanam-坐法，体位

坐法必须安稳自如。（2.46）

在《瑜伽经》中，“坐法”还没有发展到后来“哈达瑜伽”所确立和理解的体位法，也就是说，它没有提供和发展出众多的瑜伽体位法。

对帕坦伽利来说，坐法的目的或体位的目标是为了服务冥想。坐法是瑜伽八支中的第三支。它要求修习者坐稳、坐舒适，因为只有坐稳了、坐舒适了才能适合长时间冥想。坐法是安静的、稳定的、自如的，而不像通常理解的苦行一样是不舒服的。有意思的是，一个瑜伽士，如果没有苦行、没有进行坐法的练习，他就不可能长时间保持安稳自如的坐姿。体位的苦行和坐法，它们之间不是对立的，而是彼此关联的。瑜伽士普遍可以体验到，从事众多体位的习练是一种苦行，体位的习练开始并不舒适，而是需要某种程度上的忍耐。但一旦掌握并熟练了，体位的习练就不再是“苦行”，而是喜乐。本质上，任何一种体位都应该和坐法一样，也都适合某种形式的冥想。

प्रयत्नशैथिल्यानन्तसमापत्तिभ्याम् ॥४७॥

prayatnaśaithilyānantasamāpattibhyām //

prayatna-śaithilya-ananta-samāpattibhyām //

prayatna-努力；śaithilya-通过放松；ananta-无限者；samāpattibhyām-对……冥想

放松身体，冥想无限者，坐法便安稳自如。（2.47）

坐法如何安稳自如？帕坦伽利提供了两个秘法：

1. 外在可以观察的，就是放松身体。尽最大可能放松身体。

2. 冥想一个特别的对象，即无限者（Ananta）。有人认为，Ananta这词指的是蛇神，但严肃的学者并不认同。①

在安坐的过程中，需要身体放松、心意专注。如果我们把这一极其机密的知识扩大到后来哈达瑜伽的体位法中，那么在诸多的体位中都需要学会有效的身体放松以及微妙的体位中心意专注和冥想。我们可以把这种冥想视为

① George Feuerstein, *The Yoga Sūtras of Patañjali*, *A New Translation and Commentary*, Rochester: Inner Traditions International, 1989, p.91.

瑜伽行动中的冥想，或者动态的冥想。它让普通的瑜伽体位和体育运动的形式完全分离开来，让瑜伽体位成为真正的瑜伽之道上的一环。

ततो द्वन्द्वानभिघातः ॥४८॥

tato dvandvānabhighātaḥ //

tataḥ dvandvaḥ-anabhighātaḥ //

tataḥ-于是；**dvandvaḥ**-二元性，对反；**anabhighātaḥ**-不受困扰，不受影响

这样，人就不再受感官经验二元性的困扰。（2.48）

这一节经文讨论的是现象世界的二元性，例如热与冷、粗与细、好与坏、痛苦和快乐等。这种二元性可以分物质的和精神的两大类。坐法稳定自如时，人就可以克服感官经验二元性的干扰。这是如何做到的呢？

一般情况下，我们认为不能真正征服感官二元性对心意的干扰，但一定限度内可以做到。因为，坐法稳定自如，身体对外在对象扰动的抵抗力、耐受力就提高。会游泳的人不会有那些还不会游泳的人下水时要面对的二元性恐惧。

तस्मिन्सति श्वासप्रश्वासयोर्गतिविच्छेदः प्राणायामः ॥४९॥

tasminsati śvāsapraśvāsayorgativicchedaḥ prāṇāyāmaḥ //

tasmin-sati śvāsa-praśvāsayoḥ-gati-vicchedaḥ prāṇāyāmaḥ //

tasmin-那样；sati-获得；śvāsa-吸气；praśvāsayoḥ-和呼气；gati-运动；vicchedaḥ-控制；prāṇāyāmaḥ-调息，呼吸法

掌握坐法后，通过呼气吸气进行停顿习练，这就是调息。（2.49）

在帕坦伽利这里，坐法的内容谈得不多。但我认为他谈到的仅有的几点却非常关键，尤其是在坐法中冥想无限者。这一思想，如果能够在扩展了的瑜伽体位中得到充分运用，则对体位的进步极具价值。希望大家不断体会。

坐法之后，瑜伽就进入了第四支即调息。调息是瑜伽八支中非常重要的一支。但调息需要非常科学地进行，不然会带来伤害。帕坦伽利所提供的调息法，其目的是三摩地，是以三摩地为导向的。我们在《阿育吠陀瑜伽》[①]中已经讨论到，调息可以有两大不同的类型，一是三摩地导向的调息法，另一是健康导向的调息法。古代印度的多种

① 王志成编著：《阿育吠陀瑜伽》，成都：四川人民出版社2018年，第358–359页。

调息法都是三摩地导向的。中国古代导引术中所使用的很多调息法则是健康导向的。

बाह्याभ्यन्तरस्तम्भवृत्तिर्देशकालसंख्याभिः परिदृष्टो दीर्घसूक्ष्मः ॥५०॥

bāhyābhyantarastambhavṛttirdeśakālasaṃkhyābhiḥ paridṛṣṭo dīrghasūkṣmaḥ //

bāhya-abhyantara-stambha-vṛttiḥ-deśa-kāla-saṃkhyābhiḥ paridṛṣṭaḥ dīrgha-sūkṣmaḥ //

bāhya-外在的；abhyantara-内在的；stambha-固定的，抑制；vṛttiḥ-波动；deśa-空间；kāla-时间；saṃkhyābhiḥ-数量；paridṛṣṭaḥ-稳定的，受控的；dīrgha-长；sūkṣmaḥ-短

呼吸的停顿可以在外，或在内，或完全停止不动。可以根据地点、时间和呼吸的次数加以调节，所以停顿可长可短。（2.50）

基于呼吸的停顿之别，帕坦伽利为我们提供了四种基本的调息法：

1．停顿在外；

2．停顿在内；

3．完全停止不动；

4．专注于外部或内部对象而自动引发停顿。（参见下一节）

调息中，停顿即住气是关键，也是问题所在。停顿会

直接影响调息中普拉那能量的运行。停顿需要严肃地、科学地对待。帕坦伽利说，可以根据地点、时间和呼吸的次数加以调节。就地点而言，需要明确我们在哪里，是热带还是在其他地区？也需要关注所在地的饮食特点和习惯。只有明白了这些，才能更好地调息。时间这一因素，就实践而言，既包含了调息中吸气、呼气和住气的时间，也包含了一年中不同季节的修习时间。一般而言，冬季和夏季的调息是有区别的。事实上，结合阿育吠陀的思想更加有效。就呼吸次数等问题，需要根据个人的体质，在合格的瑜伽教练或瑜伽导师的指导下科学地练习。

关于详细的调息指导，可以参看《哈达瑜伽之光》第二章以及《阿育吠陀瑜伽》第十三章。

बाह्याभ्यन्तरविषयाक्षेपी चतुर्थः ॥५१॥

bāhyābhyantaraviṣayākṣepī caturthaḥ //

bāhya-abhyantara-viṣaya-ākṣepī caturthaḥ //

bāhya-外部的；abhyantara-内部的；viṣaya-对象；ākṣepī-超越，脱离；caturthaḥ-第四种

第四种调息是由专注于外部或内部对象而引起的呼吸停顿。（2.51）

帕坦伽利的第四种调息，它不是人为控制的，而是自动发生的，是在深度专注中自然发生的。大部分人难以有机会体验到这样的调息之境。这有点类似于“惊掉了下巴”时的住气。关于这一呼吸停顿，读者可以参考《哈达瑜伽之光》第二章第72-74节。

ततः क्षीयते प्रकाशावरणम् ॥५२॥

tataḥ kṣīyate prakāśāvaraṇam //

tataḥ kṣīyate prakāśa-āvaraṇam //

tataḥ-这样，于是；kṣīyate-消除，摧毁；prakāśa-光；āvaraṇam-面纱，遮蔽物

这样，内在光辉的遮蔽物就被除去了。（2.52）

通过有效的调息，通向内在自我的遮蔽物被清理了。毗耶娑说："瑜伽士修习调息，遮蔽分辨力的业得以消除。……通过修习调息，这种业变弱，每时每刻在消失。同样，有这样的说法：'没有比调息更高的苦行，由此污垢消除，知识光芒闪耀。'"①

① 钵颠阇利著，黄宝生译：《瑜伽经》，北京：商务印书馆2016年，第74页。

धारणासु च योग्यता मनसः ॥५३॥

dhāraṇāsu ca yogyatā manasaḥ //

dhāraṇāsu ca yogyatā manasaḥ //

dhāraṇāsu-（……）专注；ca-和；yogyatā-适合；manasaḥ-心，心意

于是，心变得适合于专注。（2.53）

调息消除了通向自我的遮蔽物，身心得到了极大的净化，干扰被排除了，自然更加适合于专注。

स्वविषयासम्प्रयोगे चित्तस्यस्वरूपानुकार इवेन्द्रियाणां प्रत्याहारः ॥५४॥

svaviṣayāsamprayoge cittasyasvarūpānukāra ivendriyāṇāṃ pratyāhāraḥ //

sva-viṣaya-asamprayoge cittasya-sva-rūpa-anukāraḥ iva-indriyāṇāṃ pratyāhāraḥ //

sva-它们的；viṣaya-对象；asamprayoge-脱离，撤离；cittasya-心（的）；sva-自己的；rūpa-形式；anukāraḥ-模仿；iva-似乎；indriyāṇāṃ-感官的；pratyāhāraḥ-制感，内摄

制感就是让心脱离感知对象，感官也随之脱离感知对象，仿佛感官仿效心的性质。（2.54）

这一节和下一节讨论制感。

制感的核心是心离开感官对象，相应地，心脱离了感官对象，感官就没有了主体性，失去了活力，因为感官是根据心来发挥它们的作用的。这一现象，帕坦伽利说，是感官效仿了人心。毗耶娑用了一个非常生动的比喻来说明这一点，“正如蜜蜂随着蜂王飞动而飞动，随着蜂王停留

而停留，感官也随着心的约束而约束。这就是制感”[1]。修习制感，核心是控制心。一旦心脱离了感官对象，感官就会随之离开对象。

在瑜伽中，制感是一门专门的艺术，一般瑜伽馆也很少提供这方面的训练。但事实上，人们可以注意到，瑜伽馆里瑜伽修习结束前的大休息术就是一种很好的制感方式。如果大休息术能结合阿育吠陀瑜伽的理念，效果会更好。其他多种形式的制感方式，读者可以参考《阿育吠陀瑜伽》第十四章。

① 钵颠阇利著，黄宝生译：《瑜伽经》，北京：商务印书馆2016年，第75页。

ततः परमा वश्यतेन्द्रियाणाम् ॥५५॥

tataḥ paramā vaśyatendriyāṇām //

tataḥ paramā vaśyatā-indriyāṇām //

tataḥ-这样，于是；paramā-最高的；vaśyatā-掌控；indriyāṇām-感官的

于是，达到了对感官的完全控制。（2.55）

《瑜伽经》是约束心的艺术。一旦心被约束了，感官自然就被约束了。感官没有独立性。主动控制了心，就主动控制了我们人的整个格局。爱上一个人，依赖于爱者的心，如果爱者的心已归属某人，那爱就真实地发生。一旦爱真实地发生，爱者的感官就自动服务于爱者的心。感官只是爱者之心的工具、手段。通过制感的习练完全控制感官，这就为瑜伽士由外在世界转向内在世界提供了基础。

下面，我们就第二章内容做一些总结和延伸。

1. 克里亚瑜伽：

（1）苦行，净化身体，本质上是净化自我；

（2）自我研习，阅读吠陀经典，持续念诵曼陀罗，

本质上是探索自我；

（3）顺从自在天，本质上是安住自我。

2．表层的克里亚瑜伽用于消除障碍，为通向三摩地铺平道路，本质上克里亚瑜伽就是一个完整的瑜伽系统。

3．痛苦或烦恼主要表现为：

（1）无明；

（2）有我；

（3）执着；

（4）厌弃；

（5）恐惧死亡、贪恋生命。

4．痛苦或烦恼的根源在无明。

5．冥想、分辨和三摩地可以消除无明。

6．基于无明的任何经验本质上都是痛苦的。

7．无明本质上是混淆了见者和所见的关系，或者混淆了原人和原质的关系。

8．为了摆脱对自我真实身份的错误认同，需要找到合适的方式来消除这种错误认同，帕坦伽利提供的方法就是瑜伽八支。

9．帕坦伽利在这一章重点阐发了瑜伽八支中的前五支，也就是外支。

10．有一点特别重要，那就是要积极避免消极思想的扰动。

已经说过，第一章是相对完整的、独立的，但有的内容没有具体展开，例如如何采取更有效的方式来消除通向三摩地途中的障碍。这一章则尝试解决这样的问题。

我们也可以看到，帕坦伽利在阐明生命管理的具体方法是非常明确的，并且是有系统的——首先找到痛苦的根源，然后找到消除痛苦的内在依据，再提出消除痛苦、达到瑜伽目标的具体方法。这一章的主要内容围绕着瑜伽八支中的外支。大部分人的瑜伽实践就停留在外支上。帕坦伽利所谈的前五支方法很清晰，但要真正做到，则非常不容易。比如，作为最基础的禁制和劝制，当下的很多瑜伽人怕是难以做到的。有人就追问了，如果瑜伽人不能真正实践禁制和劝制，他能够去学习坐法（体位）、调息和制感吗？能够进入第三章中的后三支的学习吗？能够达到瑜伽的目标吗？

我们的基本结论是：这取决于我们如何理解瑜伽八支的次第、如何理解“瑜伽”。从生命管理的角度看，我们必须开放瑜伽，并不需要在严格的字面意义上理解瑜伽的次第。从关心生命的成长来说，可以同步、并列学习多支瑜伽，并且可以在不断试错实践中成长。因此，完全可进入坐法（体位）、调息和制感的学习，也可以尝试进入后三支的学习。至于瑜伽目标是否达成，我们认为通过更加中庸的探索和实践，完全有可能达到不同层次的三摩地，并实现生命的转化，今生达成生命的圆满。

我们对圣洁的《瑜伽经》第二章修习篇的翻译和注释就此结束。

॥ विभूतिपादः ॥

Vibhūti Pādaḥ

第三章　力量篇

（凡56节经文）

本章主题

第三章力量篇总计经文56节，涉及以下主题：专注、冥想、三摩地、专念、意识转变、专念的力量。

देशबन्धश्चित्तस्य धारणा ॥१॥

deśabandhaścittasya dhāraṇā //

deśa-bandhaḥ-cittasya dhāraṇā //

deśa-位置；**bandhaḥ-**系于，专注于；**cittasya-**心的；**dhāraṇā-**专注

专注是将心固定在某一点上。（3.1）

专注是把注意力集中在某一点上。专注意味着需要将身体的能量集中、心意的能量集中、精神的能量集中。成就诸事都需要专注。学习如此，工作如此，处理人和人之间的关系也是如此。

在瑜伽中，专注是一种瑜伽方法，就是让心固定在一点上。这个“点”可以多种多样，例如毗耶娑说的肚脐、心莲花、头顶光环、鼻尖、舌尖，或者身体外的某一个对象。专注要获得成功，还需要同时修习前面的瑜伽五支，也就是第二章中的禁制、劝制、坐法、调息和制感这五支。这五支的本质是引导心的萨埵化（善良化）。人只有成为萨埵型的，才能登上真正的专注之顶峰。

तत्र प्रत्ययैकतानता ध्यानम् ॥२॥

tatra pratyayaikatānatā dhyānam //

tatra pratyaya-eka-tānatā dhyānam //

tatra-在其中，那里；pratyaya-（引起思想的）认知，认识内容，呈现的观念；eka-一，唯一；tānatā-流动；dhyānam-冥想

冥想是持续地认知。（3.2）

冥想通常被理解为专注进一步的深入。帕坦伽利这里说，冥想就是持续地认知。也就是说，冥想是持续地专注于某一点或者某一物，就如水持续地流动，本质上就是心的能量持续专注地流动从而获得认知。

根据不同的功能，冥想可以有不同的类型。在《阿育吠陀瑜伽》中，我们区分了帕坦伽利传统的冥想或基于数论哲学的冥想、基于吠檀多传统的冥想、基于虔信传统的冥想以及基于阿育吠陀瑜伽传统的冥想。它们的冥想方式存在差异。例如，在帕坦伽利瑜伽中，冥想就是集中于一个具体的对象，它可以是身体上的或身体内的某一点或者某个器官，也可以是身体外的某个对象，甚至是心意想象的某个对象。而冥想的结果是三摩地，最终是原质和原人的分离。但在阿育吠陀瑜伽中，冥想首先关注的是身体的

健康。很多时候，冥想是让心意平静下来，以此避免因心意波动引发身心问题。

तदेवार्थमात्रनिर्भासं स्वरूपशून्यमिव समाधिः ॥३॥

tadevārthamātranirbhāsaṃ svarūpaśūnyamiva samādhiḥ //

tat-eva-artha-mātra-nirbhāsaṃ svarūpa-śūnyam-iva samādhiḥ //

tadeva-那（指心）本身；artha-（冥想的）对象；mātra-只是，独自；nirbhāsaṃ-照亮，显现； svarūpa-自身形式的；śūnyam-没有的，缺乏的，空的；iva-似乎；samādhiḥ-三摩地

在冥想中，似乎没有个体意识，只有对象显现，这就是三摩地。（3.3）

在冥想中，若主体融入了客体，与客体合二为一，主体的个体意识消失了，剩下的只有（冥想的）某个对象。这样的冥想就是三摩地。

在第一章中，我们其实谈到了三摩地不同的境地。在初级三摩地中，主体融入了客体，但个体意识还存在。在有寻和无寻三摩地、有伺和无伺三摩地、喜乐三摩地、有我三摩地等三摩地中，应该都保留了一定程度的个体意识，也就是说，在有种三摩地中，应该保留着不同程度的个体意识。只有在无种三摩地中，个体意识才会消融。“似乎没有个体意识”包含两层含义：一是，个体意识暂时被“忘记”或暂时“消融”；二是，个体意识被人为地

“悬置”了。

然而，三摩地是一种意识的境地，进入三摩地，之后一般还是要“出来”的。辨喜的师父罗摩克里希那常常进入三摩地，但过了一段时间，就会从三摩地中“出来”。既然和对象都合一了，为何还会“出来”呢？这是因为，尽管通过修习已经进入了“合一”“消融”的状态，但因为瑜伽士者的根无明（root-avidyā），或者说潜在印迹、或者说习性还在那里，并没有消失，人就依然会被它们拉“出来”。三摩地和解脱也不完全一样。能够进入三摩地的人，未必就能解脱，未必就是解脱的。但只要不断努力，消除无明，根无明、潜在业力或习性彻底消除，成为完全萨埵型的人，就可获得自由，进入独存之境。

त्रयमेकत्रसंयमः ॥४॥

trayamekatrasaṃyamaḥ //

trayam-ekatra-saṃyamaḥ //

trayam-三个一组，三；ekatra-集中于唯一对象；saṃyamaḥ-专念，总制，总御

专注、冥想和三摩地这三支合在一起就是专念。（3.4）

可以看出，对于帕坦伽利，专注、冥想和三摩地是三种独立的瑜伽方法，并且它们在心意专注的程度上是逐步递进的。但在这里，帕坦伽利把“专注、冥想和三摩地”这八支的后三支，合在一起，用“专念”这个专名来指称它。需要注意的是，专念，不是独立于专注、冥想和三摩地的，而是“专注、冥想和三摩地”三者相继、逐渐加深、并合在一起的一种瑜伽之法。

顺便说一句，对于三摩地，有两种理解。一种是意识到达的境地或者状态，一种是作为方法的瑜伽一支。我们可以根据语境的不同来区别它们的不同用法。

近年来的科学研究认为，专注和冥想会改变人的体质，改变人的大脑皮层结构。专念的修习可以改善睡眠、

记忆、观察力。长期专念，心意就会得到控制，感官系统就会得到改善和转变，甚至，根据帕坦伽利，专念可以使得瑜伽修习者“看见”常人看不到的东西。专念还可能改变五气的运行，有可能导致一些特异的能力。接下来的经文，帕坦伽利为我们解释瑜伽可以带来的种种“力量”。

तज्जयात्प्रज्ञालोकः ॥५॥

tajjayātprajñālokaḥ //

tat-jayāt-prajñā-ālokaḥ //

tat-从这；jayāt-掌握；prajñā-智慧，知识；ālokaḥ-光

掌握专念之法，可开启智慧之光。（3.5）

专念是能量的连续合流，是和专念对象合而为一的持续流动，在专念之中，一切的呈现就是“如其所是”的状态，此时，智慧之光开启。

“当我用眼睛看到一个东西时，这是感官意识。当我闭上眼睛，试图看那个对象时，这就是心理意识。当对象如唵（Aum）以影子形式出现时，这就是更深的意识。突然从内部非常清晰、活生生地照耀时，这被称为更高的意识。”[1]这种更高的突然如实呈现的东西可被视为智慧之光。

通过专念修习，可以知道事物背后的“真理”。“真理”是被“隐藏”的，我们可以通过专念开启智慧之光，

① Swami Satyananda Saraswati, *Four Chapters on Freedom*, Bihar: Yoga Publications Trust, 2013, p.230.

去“发现真理”[1]。但从究竟层面上来说，真理也不是真正被遮蔽的，而是因为原质的运行，更高层面的“智慧之光”被遮蔽。当意识还处于较低的状态时，难以“发现”更高层面的“智慧之光”。修习专念，其实就是“去蔽”。

① Satchidananda, Sri Swami, *The Yoga Sūtras of Patañjali with Translation and Commentary*, Virginia: Integral Yoga Publications, 2013，p.167.

तस्य भूमिषु विनियोगः ॥६॥

tasya bhūmiṣu viniyogaḥ //

tasya bhūmiṣu viniyogaḥ //

tasya-它的；bhūmiṣu-诸阶段，逐渐的，循序渐进；viniyogaḥ-实践

这种掌握必须循序渐进。（3.6）

专念绝不会一蹴而就。它需要一个循序渐进的过程。从事专念，就需要从专注、冥想和三摩地逐渐递进。没有进行必要的外支修习，很难在内支修习上取得成就，而往往只能停留在低级阶段，容易成为“伪善”的修习者。当然，毗耶娑也说到，有人通过虔信自在天而达到专念的高级阶段。这是因为他同时也运用了其他手段。尽管我们前面说到，从阿育吠陀瑜伽的角度看，人们可以同时修习各支，并没有绝对的先后次序，也可能达到三摩地，但是通常情况下，对绝大部分瑜伽修习者来说，还是需要持有循序渐进的立场和态度。只有这样才会让瑜伽修习比较靠谱和稳妥。

त्रयमन्तरङ्गं पूर्वेभ्यः ॥७॥

trayamantaraṅgaṃ pūrvebhyaḥ //

trayam-antar-aṅgaṃ pūrvebhyaḥ //

trayam-三支，三；antar-内在的；aṅgaṃ-支；pūrvebhyaḥ-先前的

与前面五支相比，这三支更加内在。（3.7）

在帕坦伽利提出的瑜伽八支中，禁制和劝制让“人”在道德等层面上准备好进入瑜伽，而坐法和调息在“身体”层面上准备好进入瑜伽，制感则是在“心意”层面上准备好进入瑜伽。前面我们已经强调过，制感是瑜伽成就的一个分水岭，制感之前主要涉及“外部世界”，而“制感”则开始从“外部”转到“内部”。因而，总体来说，前面五支都是“外支”，而专注、冥想和三摩地才是更为重要的“内支”。

तदपि बहिरङ्गं निर्बीजस्य ॥८॥

tadapi bahiraṅgaṃ nirbījasya //

tat-api bahiraṅgaṃ nirbījasya //

tat-那，它们；api-也，然而，即使；bahiraṅgaṃ-外支；nirbījasya-相比于无种的

但是，相比于无种三摩地，这三支依然是外支。（3.8）

帕坦伽利把三摩地分两大类：有种三摩地和无种三摩地。在无种三摩地中，人的潜在印迹被消除了。而在有种三摩地中还残留着潜在印迹，还是不彻底、不究竟的，所以帕坦伽利说依然是外支。

व्युत्थाननिरोधसंस्कारयोरभिभवप्रादुर्भावौ निरोधक्षणचित्तान्वयोनिरोधपरिणामः ॥९॥

vyutthānanirodhasaṃskārayorabhibhavaprādurbhāvau nirodhakṣaṇacittānvayonirodhapariṇāmaḥ //

vyutthāna-nirodha-saṃskārayoḥ-abhibhava-prādurbhāvau nirodha-kṣaṇa-citta-anvayaḥ-nirodha-pariṇāmaḥ //

vyutthāna-外在的；nirodha-控制，约束，抑制；saṃskārayoḥ-潜在印迹；abhibhava-抑制，减轻；prādurbhāvau-显现；nirodha-约束，控制，抑制；kṣaṇa-此刻，片刻，刹那；citta-心，心质，意识；anvayaḥ-联结，关系；nirodha-控制，约束，抑制；pariṇāmaḥ-转变，改变，波动

潜在印迹升起时，就要有意识地约束它，以便让心再次回到受控状态。（3.9）

潜在印迹，在条件适合时就会随其本性而自然生起。但瑜伽修习者必须要对潜在印迹的活动予以约束或控制。潜在印迹就如积累着的能量。不同的潜在印迹意味着不同德性的能量。当潜在印迹升起时，这股能量会给人的思想、情绪、身体、行动带来影响。对于我们每个人，潜在印迹都是难免的。某种程度上可以说，瑜伽修习就是学会控制（潜在）印迹。一般人对于潜在印迹可能无能为力，

任其影响，表现为习性，等等，直接影响人的言行举止和命运。有的习性可以助力我们更好地成长，有的则会阻碍我们的成长。瑜伽修习者要尽可能克服潜在印迹的不利影响，不要成为习性的奴隶。毗耶娑提醒我们，“活跃的潜在印迹是心的性质。它们不具有认知性，不能依靠抑止认知而抑止。”[①]这里，毗耶娑道出了一个机密，要抑止潜在印迹，不能通过抑止认知而达成。这也解释了，我们知道某个不良习性，也知道如何消除它，但事实上却很难真正消除它。仅仅依靠知道如何消除（错误的）认知并不能解决问题。瑜伽是一种实践功夫。这也解释了为何帕坦伽利接受数论哲学，却又强调仅仅知道数论哲学并不能解决问题。

---

① 钵颠阇利著，黄宝生译：《瑜伽经》，北京：商务印书馆2016年，第80页。

तस्य प्रशान्तवाहिता संस्कारात् ॥१०॥

tasya praśāntavāhitā saṃskārāt //

tasya praśānta-vāhitā saṃskārāt //

tasya-它的；praśānta-平静的；vāhitā-流动；saṃskārāt-通过潜在印迹，通过习惯

潜在印迹得到了约束，心也就处于平静之流中。（3.10）

潜在印迹得到了约束，任何外在的事物都无法扰动心，此时，心就处于平静之流中。

有人会问，外在世界的变化会扰乱心吗？从表面上看，人心之所以波动，是因为有内外因素的扰动。但深入分析可以知道，心是否平静，其实取决于心本身。如果心中的潜在印迹得到了约束，心就不会大起大落，不会被波动所约束。需要约束的核心是约束潜在印迹。觉悟的瑜伽修习者面对着纷纷扰扰的现象世界，但他的心却非常平静，这是因为，瑜伽士已经约束了他的潜在印迹，甚至消除了有关的业。要达到这样的境地，不仅需要知道克服潜在印迹的知识，更需要反复的瑜伽实践。

सर्वार्थतैकाग्रतयोः क्षयोदयौ चित्तस्य समाधिपरिणामः ॥ ११ ॥

sarvārthataikāgratayoḥ kṣayodayau cittasya samādhipariṇāmaḥ //

sarva-arthatā-ekāgratayoḥ kṣaya-udayau cittasya samādhi-pariṇāmaḥ //

sarvārthā-多变的状态；ekāgratayoḥ-心注一处；kṣaya-消失；udayau-出现；cittasya-心；samādhi-三摩地；pariṇāmaḥ-转变，迈进

消除了所有的精神涣散并且能够心注一处，此时就朝向三摩地迈进。（3.11）

瑜伽中的三摩地是基于萨埵之德的，因此瑜伽修习者必须消除精神涣散。前面我们已经知道了消除精神涣散的种种方法。精神涣散是心的表象，要登上瑜伽之舟，就要控制和消除之。也就是说，精神涣散需要抑制。另外，心注一处也是心的性质。它对于我们走向瑜伽目标十分重要，要让它发挥作用就需要不断实践。

ततः पुनः शान्तोदितौ तुल्यप्रत्ययौ चित्तस्यैकाग्रतापरिणामः ॥ १२ ॥

tataḥ punaḥ śāntoditau tulyapratyayau cittasyaikāgratāpariṇāmaḥ //

tataḥ punaḥ śānta-uditau tulya-pratyayau cittasya-ekāgratā-pariṇāmaḥ //

tataḥ-于是，那么；punaḥ-进而，再次；śānta-减弱（过去）；uditau-升起（现在）；tulya-等同于；pratyayau-心的内容，相关的观念，信念；cittasya-心的，波动的；ekāgratā-心注一处；pariṇāmaḥ-转变

进而，当过去减弱的潜在印迹和现在升起的潜在印迹变得一样时，就是心注一处。（3.12）

这里，帕坦伽利重复了他对心注一处的理解。心注一处意味着已经被约束的潜在印迹和现在升起的潜在印迹一样，也就是现在升起的潜在印迹和过去的潜在印迹一并得到了约束，这时，就是心注一处。

एतेन भूतेन्द्रियेषु धर्मलक्षणावस्थापरिणामा व्याख्याताः ॥ १३ ॥

etena bhūtendriyeṣu dharmalakṣaṇāvasthāpariṇāmā vyākhyātāḥ //

etena bhūta-indriyeṣu dharma-lakṣaṇa-avasthā-pariṇāmāḥ vyākhyātāḥ //

etena-由此；bhūta-诸元素；indriyeṣu-在众感官中；dharma-性质，职责，正法；lakṣaṇa-特征，标志；avasthā-状态，条件；pariṇāmāḥ-变化；vyākhyātāḥ-得到解释，可见的，描述

根据上述，五大元素和五个感官中的性质、特征和状况之转变已经得到了解释。（3.13）

性质可以理解为法（dharma），是本然的；特征（lakṣaṇa）是性质的呈现；状态（avasthā）是呈现性质之特征的最后样子。举例来说：泥土是性质，是法；对泥土加工制作中呈现泥土的特征；泥土最后成了陶罐，这是泥土的状态。关于性质（法）、特征和状况的转变，艾扬格提供了一个极好的解释："性质的转变是对原质和原人的认识；特征的转变是利用原质和原人的方式；状况的转变是稳定地保持原质和原人的既定状态……由此，五大元素、行动器官、感觉器官和心意得到转变，因为原人得到了认识和理解。所有这些转变稳定下来，身体、心意和私

我的无常状态结束，这使得修习者栖于永恒不变的原人之中。随着观者认识到唯有自己是追求者，所追求的是自我的原本形式，即真我之境，追求即告结束，追求者和追求对象之间的二元性终结。”①

① 艾扬格著，王东旭、朱彩红译：《帕坦伽利瑜伽经之光》，海口：海南出版社2016年，第251-252页。引文有修改。

शान्तोदिताव्यपदेश्यधर्मानुपाती धर्मी ॥१४॥

śāntoditāvyapadeśyadharmānupātī dharmī //

śānta-udita-avyapadeśya-dharma-anupātī dharmī //

śānta-潜在的（过去），平静的；udita-升起的（现在），展示的，显示的；avyapadeśya-未显的，不可区分的；dharma-本性；anupātī-紧跟着；dharmī-基质，原质

原质的本性分为潜在的、升起的和未显现的。（3.14）

五大元素和五个感官中的性质、特征和状况都在不断变化。但它们背后有着共同的、不变的基质，这个基质就是原质。原质超越一切具体的形式、特征和状况。一个人从小到大，直到离开世界，都依赖于这个基质。

从经文看，这个基质就是原质，它的性质呈现为三类：潜在的，也就是过去的；升起的，也就是现在的；没有显现的，也就是未来的。换言之，在各种状态下，这个基质，也就是原质。

क्रमान्यत्वं परिणामान्यत्वे हेतुः ॥१५॥

kramānyatvaṃ pariṇāmānyatve hetuḥ //

krama-anyatvaṃ pariṇāma-anyatve hetuḥ //

krama-连续；anyatvaṃ-不同（阶段）；pariṇāma-变化，转变；anyatve-差异，不同地方；hetuḥ-原因

各种进化都是由这些持续不断的变化造成的。（3.15）

这里，帕坦伽利已经揭示了进化论的“机密”。各种形式的存在，本质上都是原质的展示和变化。不断变化的三德造就了各种各样的生物。原人本身不会变化，他是永恒的，但因为无明会陷入和原质的混合之中。原人和原质的混合，才有了各种具体的生物。但是这种混合是有其自身法则的。印度传统认为，不同生物在进化或退化中都是基于其遮蔽物（潜在印迹、习性）的。如果遮蔽物很厚重，也就是业力很大，其存在的“等级”也就越低。反之则越高。这里，可以明确的是，既然有进化，就会有退化。所以，在谈论生物进化时，我们同样需要意识到生物退化。在数论瑜伽哲学看来，不管是进化还是退化，其背后的基础是不变的，就其背后的存在依托而言，那就是原

质，是永恒的，但形式会不断改变。在进化或退化中，我们看到的是原人被原质遮蔽的不同状态。就背后的纯意识而言，就是原人，是永恒的，不变的。生物进化或退化到任何状态，本质上背后的纯意识即原人是一样的，没有任何改变。就人而言，瑜伽实践就是要消除遮蔽物，达到原人和原质的分离。真的瑜伽实践是一场伟大的自我革命。

परिणामत्रयसंयमादतीतानागतज्ञानम् ॥१६॥

pariṇāmatrayasaṃyamādatītānāgatajñānam //

pariṇāma-traya-saṃyamāt-atīta-anāgata-jñānam //

pariṇāma-变化，转变；traya-三，三种；saṃyamāt-通过专念；atīta-过去；anāgata-未来；jñānam-知识

专念于这三种变化，可获得过去和未来的知识。（3.16）

帕坦伽利在这里说的三种变化是性质（法）、特征和状况之变化。通过专念它们，就可以知道关于过去和未来的知识。

从这一节开始，帕坦伽利开始讲解修习瑜伽带来的超自然力量或能力。不过，需要注意的是，这些超自然的力量或能力往往被帕坦伽利视为瑜伽的障碍。但这是从更高目标来说的。在很大程度上，绝大部分人对于瑜伽的力量更多的是关心和认可，见到或自己具有某些能力增加了他们瑜伽实践的信心。费厄斯坦说，危险的不是超自然的力

量或能力本身，而是瑜伽士对待它们的态度。[①]态度有问题，这些超自然力量或能力十之八九会成为他的障碍，让其在瑜伽的道路上滑倒或者堕落。

① Feuerstein, George, *The Yoga-Sūtras of Patañjali*: *A New Translation and Commentary*, Rochester: Inner Traditions International, 1989, p.104.

शब्दार्थप्रत्ययानामितरेतराध्यासात् संकरस्तत्प्रविभागसंयमात् सर्वभूतरुतज्ञानम् ॥१७॥

śabdārthapratyayānāmitaretarādhyāsāt saṃkarastatpravibhāgasaṃyamāt sarvabhūtarutajñānam //

śabda-artha-pratyayānām-itaretara-adhyāsāt saṃkaraḥ-tat-pravibhāga-saṃyamāt sarva-bhūta-ruta-jñānam //

śabda-声音，词；artha-意义，含义；pratyayānām-观念，思想，念头；itaretara-它们之间；adhyāsāt-叠置；saṃkaraḥ-混合，混乱；tat-它们的；pravibhāga-差别，差异；saṃyamāt-通过专念；sarva-所有的；bhūta-生物；ruta-声音；jñānam-知识，智慧

人们通常将一个词的声音、对其意义的感知和对此产生的反应这三者混为一谈，通过专念于此，就可懂得一切生物发出的声音。（3.17）

一个词的声音、对其意义的感知以及对此产生的反应，这三者往往瞬间就叠加、混合在一起，普通人很难把它们分开。然而，瑜伽士通过专念，可以分离一个词的声音、对其意义的感知以及对此产生的反应，从而消除它们之间的混乱。萨拉斯瓦蒂说："世界上的任何一个对象都由三部分组成，即声音或词，形态和观念。你应该分别专

念于声波、形态以及观念。”[①]

① Swami Satyananda Saraswati，*Four Chapters on Freedom*，Bihar：Yoga Publications Trust，2013，p.249.

संस्कारसाक्षात्करणात् पूर्वजातिज्ञानम् ॥१८॥

saṃskārasākṣātkaraṇāt pūrvajātijñānam //

saṃskāra-sākṣāt-karaṇāt pūrva-jāti-jñānam //

saṃskāra-潜在印迹；sākṣāt-直接的；karaṇāt-知觉；pūrva-先前的；jāti-出生；jñānam-知识，智慧

专念于潜在印迹，可获得前生的知识。（3.18）

潜在习性包含了记忆和习性。记忆是潜意识的，习性是无意识的。在记忆中，潜在印迹是按照一定次序编排的，而在无意识中的习性则没有一定编排的次序。潜在印迹以定业的方式储藏着。通过实践专念，可以探索潜在印迹，它们在深度意识、潜意识以及无意识的不同阶段是可“看到”的。基于此，瑜伽士通过专念可以了解一个人的前世。基于前世的信息，也可以了解今生的很多情况。据说，佛陀以及他的某些弟子能知道自己的前世，甚至很多世。不过，在《薄伽梵歌》里，克里希那和阿周那对话中说到，阿周那不能知道自己的前世，而克里希那知道。事实上，对于绝大部分人根本无法谈论前世。但在理论上可以去探索前世。我们或许不需要去关注前世，但我们一定要关注如何过好今生今世。有人因为心无正念，被其他因

素干扰，把可能根本不是自己前世的信息视为自己的，并因此“误入歧途”。人在潜意识或无意识状态下，也有可能被催眠，并可能被操纵、被误导。对于这些问题，我们需要强调正念，不要去干预和误导他人的“命运”，更不能利用自己的某些“能力”去操纵他人。

प्रत्ययस्य परचित्तज्ञानम् ॥१९॥

pratyayasya paracittajñānam //

pratyayasya para-citta-jñānam //

pratyayasya-观念，想法，意图；para-其他人，另一个；citta-心；jñānam-知识

专念于他人的观念，可知道他人的心。（3.19）

如果我们静下来观照他人的观念，确实可以“直觉到”“看到”他人的心。就是说，通过参悟和观照他人的观念，可以知道他人心的状态。一般的心理学家就有可能具备这个能力，有人则天生具备这个“观”的能力。毗耶娑说：“他知道贪欲的观念，而不知道贪欲依附的那个对象。他人心中的观念依附的对象，不成为瑜伽士心中的对象；只有他人的观念成为瑜伽士心中的对象。”[①]

① 钵颠阇利著，黄宝生译：《瑜伽经》，北京：商务印书馆2016年，第94页。

न च तत्सालम्बनं तस्याविषयीभूतत्वात् ॥२०॥

na ca tatsālambanaṃ tasyāviṣayībhūtatvāt //

na ca tat-sālambanaṃ tasya-aviṣayī-bhūtatvāt //

na-不是；ca-和；tat-那（知识）；sālambanaṃ-支撑，支持；tasya-它的；aviṣayī-不在范围内，未察觉的；bhūtatvāt-对象的性质

但不是他人的心的内容，因为那不是专念的对象。（3.20）

通过“观”他人的观念可以知道他人的心，但帕坦伽利说，知道的不是具体内容，因为他人观念涉及的对象即内容并不是专念的对象。

कायरूपसंयमात् तद्ग्राह्यशक्तिस्तम्भे चक्षुःप्रकाशासम्प्रयोगेऽन्तर्धानम् ॥२१॥

kāyarūpasaṃyamāt tadgrāhyaśaktistambhe cakṣuḥprakāśāsamprayoge'ntarthānam //

kāya-rūpa-saṃyamāt tat-grāhya-śakti-stambhe cakṣuḥ-prakāśa-asamprayoge-antardhānam //

kāya-身体；rūpa-形态；saṃyamāt-通过专念；tat-它的；grāhya-知觉，感知；śakti-力量；stambhe-阻碍；cakṣuḥ-眼睛；prakāśa-光；asamprayoge-截止，缺乏接触；antardhānam-不可见的

如果专念于一个人的身体形态，就可以阻止光和眼睛之间的接触，这个人的身体将隐而不现。（3.21）

瑜伽士的专念可以成为一种具有有意识的或认知性的能量。专念是一个“黑箱”，在不同的专念中，有时可以呈现这种能力，有时可以呈现那种能力。这个领域或许需要科学进一步的探索，并有可能向我们揭示背后的机制和原理。这一节，帕坦伽利告诉我们的是瑜伽修习者“隐身”的能量。帕坦伽利说，专念于人的身体的形态，就可以阻止光线和眼睛之间的接触，而隐藏身体。

एतेन शब्दाद्यन्तर्धानमुक्तम् ॥२२॥

etena śabdādyantardhānamuktam //

etena śabda-ādi-antardhānam-uktam //

etena-通过同样方式；śabda-声音；ādi-其他；antardhānam-截止，缺乏接触；uktam-得到解释

这样，也可以解释他的声音（香、味、触等）的消失。（3.22）

接着上一节，帕坦伽利告诉我们，对于隐身了的瑜伽士，很自然地，他的声音、味道等都消失了。

सोपक्रमं निरुपक्रमं च कर्म तत्संयमादपरान्तज्ञानमरिष्टेभ्यो वा ॥२३॥

sopakramaṃ nirupakramaṃ ca karma tatsaṃyamādaparāntajñānamariṣṭebhyo vā //

sa-upakramaṃ nirupakramaṃ ca karma tat-saṃyamāt-aparānta-jñānam-ariṣṭebhyaḥ vā //

sopakramaṃ-快速，直接发生效果；nirupakramaṃ-慢的，延迟发生效果；ca-和；karma-行动及其结果，业；tat-这些；saṃyamāt-通过专念；aparānta-死亡之时；jñānam-知识；ariṣṭebhyaḥ-征兆；vā-或者

有两种业，一种很快显现，另一种缓慢显现。专念于业，或死亡的征兆，瑜伽士可获知他离开身体的准确时间。（3.23）

对很多人来说，何时死亡是神秘的，很难知道自己或他人会什么时候离开身体。但帕坦伽利说，通过两个方法可以预知自己的死亡。一是专念于个人的业。有的业很快就显现，有的缓慢显现，但通过专念业就可以预知自己的死亡时间。还有一种就是通过死亡的征兆。对于普通人，很难获知自己何时死去，但可以知道自己一定会死从而珍惜现在，这个没有毛病。然而，随着人对自己的身体状况

的认识，通过专念，也极有可能预知到自己的死亡时间，即便不是瑜伽士，而是一个普通人，也可能知道自己快要死了。知道自己离开的时间，这本身并不神秘，只是我们通常情况下不能很好地理解而已。

मैत्र्यादिषु बलानि ॥२४॥

maitryādiṣu balāni //

maitrī-ādiṣu balāni //

maitrī-友谊；ādiṣu-其他类似的（美德，如慈悲、喜乐）；balāni-力量

专念于友谊等美德，便可获得其力量。（3.24）

有人说，你想什么就有什么。这当然是一种夸张的说法。但瑜伽确实认为，专念于某种德性，就会获得那种德性所具备的力量。毗耶娑说："对快乐的生物充满友爱，便获得友爱的力量。对痛苦者充满悲悯，便获得悲悯的力量。对品行纯洁者充满喜悦，便获得喜悦的力量。依据这些情感进入三摩地，就是专念。由此，产生不可抵御的威力。"①

① 钵颠阇利著，黄宝生译：《瑜伽经》，北京：商务印书馆2016年，第95页。引文有改动。

बलेषु हस्तिबलादीनि ॥२५॥

baleṣu hastibalādīni //

baleṣu hasti-bala-ādīni //

baleṣu-在力量上；hasti-大象；bala-力量；ādīni-其他

专念于各种力量，如大象和其他动物的力量，便可获得那种力量。（3.25）

类似地，如果专念于各种力量，便可以获得那种力量。从唯物的立场看，这没有可能。但我们似乎还可以考虑到，专念意味着凝聚心意的力量，这种力量有可能产生相应的实际力量。专念和获得诸如大象的力量之间需要某些中介，不然非常难以理解。我们或许在某种程度上接受这种说法，通过专念可以调动人体的潜能发挥更大的力量，也就是说引发了比平时所具有的更大力量。

根据印度神话，大象象征海底轮。如果从象征的角度理解，也是一种合适的方式。我们通过专念海底轮的象征——大象，可以稳定海底轮，增强力量，对于身心健康十分有益。

प्रवृत्त्यालोकन्यासात् सूक्ष्मव्यवहितविप्रकृष्टज्ञानम् ॥२६॥

pravṛttyālokanyāsāt sūkṣmavyavahitaviprakṛṣṭajñānam //

pravṛtti-āloka-nyāsāt sūkṣma-vyavahita-viprakṛṣṭa-jñānam //

pravṛtti-认知，更高的感官活动；āloka-光；nyāsāt-通过投射；sūkṣma-细微的；vyavahita-隐秘的；viprakṛṣṭa-远处的；jñānam-知识

专念于内在之光，便可获得细微的、隐秘的或遥远之物的知识。（3.26）

认知需要主体和客体接触。如果主体和客体之间存在阻隔，就难以认识对象。这一节经文说，通过专念于自己的内在之光，便可获知细微的、隐秘的或遥远之物。这是一种光的投射。例如我们进入一个黑暗的房间，什么也看不见，但我们打开自带的手电筒，就可以清楚地看见房间中被手电筒照亮的地方。瑜伽士如何真正有效地专念内在之光，就如在黑暗中打开手电筒一样，是一个实践问题。我们去实践了，但我们并不知道我们自己能否具有这样的能力。帕坦伽利告诉我们，通过瑜伽专念，这一切都是可以的。帕坦伽利在下面谈到各种专念以及产生的力量，我们不具体展开讨论。

भुवनज्ञानं सूर्ये संयमात् ॥२७॥

bhuvanajñānaṃ sūrye saṃyamāt //

bhuvana-jñānaṃ sūrye saṃyamāt //

bhuvana-全世界，这里可以指太阳系；jñānaṃ-知识；sūrye-太阳上；saṃyamāt-通过专念

专念于太阳，便可获得太阳系的知识。（3.27）

这里的太阳，字面上理解是太阳系的太阳。太阳系和太阳是整体和部分（重要的部分）之关系。通过太阳（部分）可以了解太阳系（全体）。但从专念的性质看，这个专念似乎不是真正外在的“太阳”。从象征意义上说，太阳象征阳脉，代表人体的右脉。

चन्द्रे ताराव्यूहज्ञानम् ॥२८॥

candre tārāvyūhajñānam //

candre tārā-vyūha-jñānam //

candre-月亮上；tārā-星系；vyūha-排列，分布；jñānam-知识

专念于月亮，便可获得星系排列的知识。（3.28）

从专念的性质看，这个专念似乎不是真正外在的“月亮”。从象征意义上说，月亮象征阴脉，代表人体的左脉。

ध्रुवे तद्गतिज्ञानम् ॥२९॥

dhruve tadgatijñānam //

dhruve tat-gati-jñānam //

dhruve-北极星上；tat-它们的；gati-运动；jñānam-知识

专念于北极星，便可获得星系运动的知识。（3.29）

从专念的性质看，这个专念似乎不是真正外在的“北极星”。从象征意义上说，北极星象征中脉，代表人体的中脉。

नाभिचक्रे कायव्यूहज्ञानम् ॥३०॥

nābhicakre kāyavyūhajñānam //

nābhi-cakre kāya-vyūha-jñānam //

nābhi-肚脐；cakre-轮，圈，区域；kāya-身体；vyūha-排列，安排；jñānam-知识

专念于肚脐，便可获得身体构造的知识。（3.30）

专念于肚脐，就是专念于脐轮。

कण्ठकूपे क्षुत्पिपासानिवृत्तिः ॥३१॥

kaṇṭhakūpe kṣutpipāsānivṛttiḥ //

kaṇṭha-kūpe kṣut-pipāsā-nivṛttiḥ //

kaṇṭha-喉咙；kūpe-凹陷；kṣut-饥饿；pipāsā-干渴；nivṛttiḥ-抑止

专念于喉咙，便可抑止饥渴。（3.31）

专念于喉咙，就是专念于喉轮。

कूर्मनाड्यां स्थैर्यम् ॥३२॥

kūrmanāḍyāṃ sthairyam //

kūrma-nāḍyāṃ sthairyam //

kūrma-乌龟；nāḍyāṃ-神经，脉道；sthairyam-稳定，一动不动

专念于龟脉，便可稳定。（3.32）

龟脉被认为在喉咙以下，于胸腔中。但艾扬格说，有关龟脉的具体知识在时间的长河中已经失传，其实际位置也不为人所知。专念此脉，获得身体稳定。这里也可以是一种象征，象征人像龟一样摄回各种感官，处于稳定之中。

मूर्धज्योतिषि सिद्धदर्शनम् ॥ ३३ ॥

mūrdhajyotiṣi siddhadarśanam //

mūrdha-jyotiṣi siddha-darśanam //

mūrdha-头；jyotiṣi-光；siddha-悉达，完美者；darśanam-眼力，洞察力，视见

专念于头中的光，便可获得悉达的眼力。（3.33）

毗耶娑说，头颅里的空隙有闪耀的光。专念于头中的光，就是专念于眉间轮。

प्रातिभाद्वा सर्वम् ॥३४॥

prātibhādvā sarvam //

prātibhāt-vā sarvam //

prātibhāt-直觉；vā-或者；sarvam-一切事物

或者通过直觉知道一切事物。（3.34）

直觉是不需要理性推理过程的，直接察觉到事物的“本质”，没有中间或者中介之物的遮蔽。

हृदये चित्तसंवित् ॥३५॥

hṛdaye cittasaṃvit //

hṛdaye citta-saṃvit //

hṛdaye-心脏上；citta-心；saṃvit-知识

专念于心脏，便可获得有关心的知识。（3.35）

专念于心脏，就是专念于心轮。

सत्त्वपुरुषयोरत्यन्तासंकीर्णयोः प्रत्ययाविशेषो भोगः परार्थत्त्वात् स्वार्थसंयमात् पुरुषज्ञानम् ॥३६॥

sattvapuruṣayoratyantāsaṃkīrṇayoḥ pratyayāviśeṣo bhogaḥ parārthattvāt svārthasaṃyamāt puruṣajñānam //

sattva-puruṣayoḥ-atyanta-asaṃkīrṇayoḥ pratyaya-aviśeṣaḥ bhogaḥ para-arthattvāt sva-artha-saṃyamāt puruṣa-jñānam //

sattva-萨埵，善良属性；puruṣayoḥ-和原人；atyanta-全部，全然，无尽；asaṃkīrṇayoḥ-不同的；pratyaya-认知；aviśeṣaḥ-没有区分；bhogaḥ-经验；para-另一个；arthattvāt-目的性；sva-自己的；artha-主观意识，兴趣；saṃyamāt-通过专念；puruṣa-原人；jñānam-知识

萨埵和原人是完全不同的。萨埵仅仅是原人的工具，而原人则是独立自存的。专念于原人的独立性，便可获得原人的知识。（3.36）

原质包含三个属性或方面，分别是萨埵、罗阇和答磨。萨埵是其中之一，属于善良属性。萨埵本身没有自己的目的，它服务于原人，是工具性的。只有原人是真正的主体，是见者，是目击者。通过不断专念于原人，专念于原人的独立、独特，便可以了解原人的知识。根据数论瑜伽哲学，原人是独立的、不同于原质的、不变的、纯粹的

意识。当我们真正沉浸在原人的意识中，就容易和原质分离，最终带来不执。认识到原人不同于原质是一个关键的认识。我们之所以认为我们是原质及其变形，是因为无明，是因为我们有了错误的认同。一旦打破了这种认同，就可以分离原质和原人。在这一过程中，专念于原人的独立性是最核心的一种方法。

ततः प्रातिभश्रावणवेदनादर्शास्वादवार्ता जायन्ते ॥३७॥

tataḥ prātibhaśrāvaṇavedanādarśāsvādavārtā jāyante //

tataḥ prātibha-śrāvaṇa-vedanā-ādarśa-āsvāda-vārtāḥ jāyante //

tataḥ-由此；prātibha-直觉；śrāvaṇa-听觉官能；vedanā-触觉官能；ādarśa-视觉官能；āsvāda-味觉官能；vārtāḥ-嗅觉官能；jāyante-产生出

由此，产生直觉以及更高级的听觉、触觉、视觉、味觉和嗅觉。（3.37）

分辨了原人和原质，明了原人的独立性，就会带来强大的直觉能力。这种直觉能力带来更高级的认知能力，带来更精微的听觉、触觉、视觉、味觉和嗅觉。

ते समाधावुपसर्गा व्युत्थाने सिद्धयः ॥३८॥

te samādhāvupasargā vyutthāne siddhayaḥ //

te samādhau-upasargāḥ vyutthāne siddhayaḥ //

te-这些（悉地）；samādhau-对于三摩地；upasargāḥ-障碍；vyutthāne-在外在化状态，在世界意识状态，世俗状态；siddhayaḥ-悉地，力量

在世俗状态下，它们是力量；但是对于三摩地，它们是障碍。（3.38）

帕坦伽利作为一个仙人，上通天，下达地。他非常清楚，因为专念而产生的超自然力量或能力对于不同人有着不同的意义。对于普通人，它们是力量，具有超凡的魅力。普通人具备某种超常的能力或力量，是非常了不起的事，甚至可以给当事人带来各种益处。然而，帕坦伽利认为，这种超常能力或力量对于一个追求自由的瑜伽修习者来说，则不是什么好事，在通向三摩地的道路上，很可能它们就成了障碍。瑜伽士有可能因为拥有某种超自然力量或能力而走向歧途，从而从瑜伽正道上堕落下来。要追求瑜伽关于分辨自我的真理这一目标，就不能执着瑜伽专念中出现的任何超自然力量或能力。

बन्धकारणशैथिल्यात् प्रचारसंवेदनाच्च चित्तस्य परशरीरावेशः ॥३९॥

bandhakāraṇaśaithilyāt pracārasaṃvedanācca cittasya paraśarīrāveśaḥ //

bandha-kāraṇa-śaithilyāt pracāra-saṃvedanāt-ca cittasya para-śarīra-āveśaḥ //

bandha-束缚；kāraṇa-原因；śaithilyāt-松开；pracāra-通道；saṃvedanāt-通过知识；ca-和；cittasya-心的；para-另一个；śarīra-身体；āveśaḥ-进入

通过松开束缚之因、通过心的活动的通道知识，瑜伽士的精身能进入另一个人的身体。（3.39）

根据印度传统哲学，人既有叫作粗身的粗糙的身体，也有叫作精身的精微的身体，还有因果身，简称三身。粗身不能轮回，但精身可以转移，可以从这一世转到下一世。然而，帕坦伽利说，瑜伽士的精身可以从一个身体进入另一个身体。这里有个故事。据说，商羯罗和一个叫作弥室罗的哲学家辩论，商羯罗善辩，几乎把弥室罗驳倒。但弥室罗的妻子巴罗蒂提出来请商羯罗谈谈性经验。商羯罗是一个年轻的托钵僧，不可能拥有性经验。商羯罗一时蒙了，他约定一个月后告知。很巧，大瑜伽士商羯罗途中遇到一个即将离世的国王。他于是获得一个机会，进入了国王的身体中，国王继续执政。通过国王的身体，商羯罗在很短时间内获得了性经验。

उदानजयाज्जलपङ्ककण्टकादिष्वसङ्ग उत्क्रान्तिश्च ॥४०॥

udānajayājjalapaṅkakaṇṭakādiṣvasaṅga utkrāntiśca //

udāna-jayāt-jala-paṅka-kaṇṭaka-ādiṣu-asaṅgaḥ utkrāntiḥ-ca //

udāna-上行气；jayāt-控制，掌控；jala-水；paṅka-沼泽；kaṇṭaka-荆棘；ādiṣu-其他的类似对象；asaṅgaḥ-不执于；utkrāntiḥ-飘浮空中；ca-和

通过控制上行气，瑜伽士可以在水面、沼泽、荆棘或类似物体上行走，也可以飘浮在空中。（3.40）

帕坦伽利在这一节谈及了普拉那能量。普拉那能量在人体中呈现为五种次一级的能量，分别是：命根气、上行气、下行气、平行气和遍行气。命根气的活动以口和鼻为通道，直达心脏。平行气的活动均匀平正，直到肚脐。下行气的活动朝下，直到脚底。上行气的活动向上，直到头顶。遍行气则遍布全身。这是笼统的说法，更具体的解释，请参考《智慧瑜伽》[①]和《阿育吠陀瑜伽》[②]。帕坦伽

① 商羯罗著，斯瓦米·尼哈拉南达英译，王志成汉译并释论：《智慧瑜伽》，成都：四川人民出版社2018年第三版，第54页。

② 王志成编著：《阿育吠陀瑜伽》，成都：四川人民出版社2018年，第60页。

利认为，上行气具有飘浮的力量。控制住上行气，就可以克服重力，人就可以在水面、沼泽、荆棘或类似的物体上行走，甚至飘浮在空中。

समानजयाज्ज्वलनम् ॥४१॥

samānajayājjvalanam //

samāna-jayāt-jvalanam //

samāna-平行气；jayāt-控制，掌控；jvalanam-光芒，光辉，发光

通过控制平行气，瑜伽士周身可以放出光芒。（3.41）

平行气，主要位置在脐区、胃、小肠、排泄流汗的通道，负责胃火、消化食物、分离消化的食物，等等。瑜伽士强化修习平行气或脐轮，控制平行气，则周身会发出光芒。这是一种自然现象，显示了瑜伽士的状态。

श्रोत्राकाशयोः सम्बन्धसंयमाद्दिव्यं श्रोत्रम् ॥४२॥

śrotrākāśayoḥ sambandhasaṃyamāddivyaṃ śrotram //

śrotra-ākāśayoḥ sambandha-saṃyamāt-divyaṃ śrotram //

śrotra-耳朵；ākāśayoḥ-和空；sambandha-关系；saṃyamāt-通过专念；divyaṃ-神圣的，超自然的；śrotram-听力

专念于耳朵与空的关系，可获得超自然的听力。（3.42）

五大元素中，空元素是第一元素，其他元素都从空元素中产生。根据《奥义书》思想，“空”也是最靠近终极的阿特曼的。空元素是物质元素中极其精微的。毗耶娑说，所有的听觉和所有的声音都是以空为前提的。空元素没有障碍，遍布一切。通过专念耳朵和空的关系，瑜伽士可能出现天耳通，即获得超自然的听力。

कायाकाशयोः सम्बन्धसंयमाल्लघुतूलसमापत्तेश्चाकाशगमनम्
॥४३॥

kāyākāśayoḥ sambandhasaṃyamāllaghutūlasamāpatteścākāśagamanam //

kāya-ākāśayoḥ sambandha-saṃyamāt-laghu-tūla-samāpatteḥ-ca-ākāśa-gamanam //

kāya-身体；ākāśayoḥ-和空；sambandha-关系；saṃyamāt-通过专念；laghu-光；tūla-棉絮；samāpatteḥ-达到，聚结；ca-和；ākāśa-空；gamanam-旅行，飞行，运动

专念于身体与空的关系，身体变得轻如棉絮，瑜伽士可以在空中飞行。（3.43）

专念于身体和空的关系，身体就会轻盈如棉絮，或者身体虚化，就可以在空中飞行。这样的功夫超乎寻常。现实中我们很难理解，而帕坦伽利认为这是可能的。然而，在空中飞行这个问题在人类的技术上已经得到了发展。为何鸟可以在空中飞行？那是因为鸟已经先天地解决了身体和空的关系，其身体适合飞翔。人类发明的飞机，则后天解决了身体（机体）和空的关系，最后能让庞大的机器载着人和物在空中飞行。但一个人，直接在空中飞行，需要克服的障碍是非常大的。也有人思考，这里，帕坦伽利说

的是否是人的精身在空中飞行，而不是粗身飞行。这些都是可以探讨的问题。但是，从瑜伽目标来说，这不应该是瑜伽修习者重点关注的问题。

बहिरकल्पिता वृत्तिर्महाविदेहा ततः प्रकाशावरणक्षयः ॥४४॥

bahirakalpitā vṛttirmahāvidehā tataḥ prakāśāvaraṇakṣayaḥ //

bahiḥ-akalpitā vṛttiḥ-mahāvidehā tataḥ prakāśa-āvaraṇa-kṣayaḥ //

bahir-外在的；akalpitā-非人为的，无法想象的；vṛttiḥ-波动；mahāvidehā-大无身；tataḥ-由此；prakāśa-光；āvaraṇa-遮蔽；kṣayaḥ-摧毁，清除

专念于脱离身体即“大无身”状态时心的波动，遮蔽了知识之光的所有遮蔽物都将被清除。（3.44）

“大无身状态”就是摆脱了肉身的状态，就是我们前面谈到的精身的状态。摆脱了粗身，众多的遮蔽之物就会自动失效，也就是说它们都被清除了。

स्थूलस्वरूपसूक्ष्मान्वयार्थवत्त्वसंयमात् भूतजयः ॥४५॥

sthūlasvarūpasūkṣmānvayārthavattvasaṃyamāt bhūtajayaḥ //

sthūla-svarūpa-sūkṣma-anvaya-arthavattva-saṃyamāt bhūta-jayaḥ //

sthūla-粗糙的；svarūpa-本质特征，本性；sūkṣma-细微的；anvaya-相互关联的，关联；arthavattva-目的；saṃyamāt-通过专念；bhūta-（五大）元素；jayaḥ-掌控

专念于五大元素的粗糙、细微、本性、关系和目的，就可以掌控五大元素。（3.45）

这里的专念分为五个层面：

1．感官可以感受的粗糙元素。

2．细微元素，它是粗糙元素的原因。

3．本性或本质特征。例如，地的坚硬、水的湿润、火的炙热、风的变化、空的遍及一切。

4．关系。这是进入了三德层面。所有元素和三德都有某种关系。例如，地元素和答磨关系密切，但也和其他德性有关。

5．目的。这一切的存在是为了什么？数论派和瑜伽派都认为，原质以及一切的展示是为了服务于原人。

帕坦伽利说，通过专念五大元素的这五个方面就可以掌控这五大元素。我们可以用它来解释养生学，就是五大元素和养生的关系。如果关注更高的目标，就需要摆脱五大元素的束缚，认识到它们不是原人，而只是服务于原人。

ततोऽणिमादिप्रादुर्भावः कायसम्पत् तद्धर्मानभिघातश्च ॥४६॥

tato'ṇimādiprādurbhāvaḥ kāyasampat taddharmānabhighātaśca //

tataḥ-aṇimādi-prādur-bhāvaḥ kāya-sampat tat-dharma-anabhighātaḥ-ca //

tataḥ-由此；aṇimāadi-变小的能力；adi-等；prādur-显现，展示；bhāvaḥ-出现，显现状态；kāya-身体；sampad-完美；tat-它们的；dharma-功能；anabhighātaḥ-没有障碍；ca-和

由此可以获得让身体小至原子的力量以及所有其他类似的力量。这一完美的身体也不再受这些元素的阻碍。（3.46）

掌控了五大元素，就意味着五大元素不再是障碍。传统上，瑜伽修习可能带来八种“力量”：

1. 能小；
2. 能大；
3. 能轻；
4. 能重；
5. 能穿透进入，获得想要的东西；
6. 随心所欲，达成愿望；
7. 掌握一切，成为自在天；
8. 控制五大元素，能控制人和物。

रूपलावण्यबलवज्रसंहननत्वानि कायसम्पत् ॥४७॥

rūpalāvaṇyabalavajrasaṃhananatvāni kāyasampat //

rūpa-lāvaṇya-bala-vajra-saṃhananatvāni kāya-sampat //

rūpa-美丽；lāvaṇya-优雅，迷人；bala-力量；vajrasaṃhananatvāni-坚如金刚；kāya-身体；sampat-完美

身体完美包括：美丽、优雅、有力量、坚如金刚。（3.47）

这里谈论专念带来的身体的变化。

有人说，瑜伽只关心解脱或三摩地，那也不全是。帕坦伽利瑜伽的最高目标是独存，是原人和原质分离。但他没有否定在走向生命觉悟的途中瑜伽所带来的力量和效果。美丽、优雅、力量、坚如金刚，它们都是一个完美身体的体现。帕坦伽利并不排斥完美的、健康的身体。尽管它们本身不是瑜伽的目标，但并不意味着我们需要刻意回避它们。这些都是瑜伽途中的美丽风景，也是达成瑜伽目标的副产品。世俗的人或许把这些副产品视为最重要的，但是真正的瑜伽士，不会执着它们，而是直奔瑜伽的终极目标——解脱、自由、独存。

ग्रहणस्वरूपास्मितान्वयार्थवत्त्वसंयमादिन्द्रियजयः ॥४८॥

grahaṇasvarūpāsmitānvayārthavattvasaṃyamādindriyajayaḥ //

grahaṇa-svarūpa-asmitā-anvaya-arthavattva-saṃyamāt-indriya-jayaḥ //

grahaṇa-认知活动；svarūpa-本质特征；asmitā-有我，自我感，阿斯弥达；anvaya-关系，关联，接合；arthavattva-目的；saṃyamāt-通过专念；indriya-感官；jayaḥ-掌控

专念于认知过程、感官的本质、有我、三德的构成及其目的，便可掌控感官。（3.48）

通过专念认知过程、感官的本质、有我、三德的构成及其目的，可以帮助我们明白原人不是这些，从而可以达到对感官的掌控。

ततो मनोजवित्वं विकरणभावः प्रधानजयश्च ॥४९॥

tato manojavitvaṃ vikaraṇabhāvaḥ pradhānajayaśca //

tataḥ mano-javitvaṃ vikaraṇa-bhāvaḥ pradhāna-jayaḥ-ca //

tataḥ-由此，这样；mano-心意，心；javitvaṃ-快速运动；vikaraṇa-没有感官；bhāvaḥ-条件，状况；pradhāna-最初的因，原质；jayaḥ-掌控；ca-和

这样，身体便获得像心意一样飞速移动的力量以及无须感官帮助而发挥作用的力量，并因此掌控原质。（3.49）

掌控了感官，就可以获得巨大的能力：身体如心意一样飞快移动的力量，无须感官参与的力量，并因此掌控原质的力量。

这里需要注意，这个身体不是粗身，因为粗身的构成是原质的产物。原质的产物如何可能摆脱原质本身呢？控制感官、控制原质的能力，本质上是一种获得身心自由的能力和境地。也就是，摆脱了原质束缚的能力。这是一种专念获得的境地。

सत्त्वपुरुषान्यताख्यातिमात्रस्य सर्वभावाधिष्ठातृत्वं सर्वज्ञातृत्वं च ॥५०॥

sattvapuruṣānyatākhyātimātrasya sarvabhāvādhiṣṭhātṛtvaṃ sarvajñātṛtvaṃ ca //

sattva-puruṣa-anyatā-khyāti-mātrasya sarva-bhāva-adhiṣṭhātṛtvaṃ sarva-jñātṛtvaṃ ca //

sattva-萨埵；puruṣa-原人；anyatā-区分，分别；khyāti-看见；mātrasya-仅仅；sarva-所有的；bhāva-状态；adhiṣṭhātṛtvaṃ-卓越；sarva-所有的；jñātṛtvaṃ-知道； ca-和

专念于萨埵与原人之间的分别，便可全知全能。（3.50）

萨埵是原质的属性之一，可以说，萨埵是最接近原人的。如果能专念它们之间的不同，便可认清原人和原质，也即是可全知全能。全知全能如何理解？这是一种获得分辨能力之后的状态，而不是世俗意义上对世俗知识或自然知识的“全知全能”。这里的全知全能暗示了人的自由，就如神一般全知全能，就如自在天，成为自由者。我们应该从垂直维度来理解，也就是说，瑜伽士摆脱了三德的束缚，成了三德之主。

तद्वैराग्यादपि दोषबीजक्षये कैवल्यम् ॥५१॥

tadvairāgyādapi doṣabījakṣaye kaivalyam //

tat-vairāgyāt-api doṣa-bīja-kṣaye kaivalyam //

tat-那（指各种力量）；vairāgyāt-不执；api-甚至，也，即使；doṣa-不足，束缚；bīja-种子；kṣaye-摧毁；kaivalyam-独存

不执着于这些力量，将摧毁束缚的种子，达到独存之境。（3.51）

瑜伽的“力量”是一把双刃剑。由于上述这些迷人的瑜伽“力量”可能带来的各种好处满足了“私我”，反过来就可能增长“私我”的欲望，使得瑜伽士更加强烈地受到束缚。不执着于这些瑜伽“力量”，这把剑就不会反过来刺向自己，相反会很有用、很有益，这些力量会烧焦束缚的种子，瑜伽士就可以达到独存的境地。这里，帕坦伽利并没有说要避免这些“力量”，而是要我们不要执着于这些“力量”。这是非常关键的指导。

स्थान्युपनिमन्त्रणे सङ्गस्मयाकरणं पुनरनिष्टप्रसङ्गात् ॥५२॥

sthānyupanimantraṇe saṅgasmayākaraṇaṃ punaraniṣṭaprasaṅgāt //

sthāni-upanimantraṇe saṅga-smaya-akaraṇaṃ punaḥ-aniṣṭa-prasaṅgāt //

sthāni-天界的；upanimantraṇe-邀请，受邀；saṅga-接触，相遇；smaya-骄傲，微笑；akaraṇaṃ-不做，不接受；punaḥ-再次；aniṣṭa-不受欢迎；prasaṅgāt-沉溺，依附

受到天神的邀请时，瑜伽士既不要执着，也不要骄傲，因为他可能再次不受欢迎。（3.52）

在专念中，瑜伽士会受到种种诱惑，智慧的瑜伽士不应执着，也不应骄傲。在传统中，我们都听说过佛陀觉悟之前受诱惑，耶稣在旷野里受诱惑的故事。从瑜伽心理学来说，是我们的潜在印迹被激活所带来的心理问题。一旦超越“诱惑”，其潜在印迹就如被烧焦的种子一样，不会再发芽。

क्षणतत्क्रमयोः संयमाद्विवेकजं ज्ञानम् ॥५३॥

kṣaṇatatkramayoḥ saṃyamādvivekajaṃ jñānam //

kṣaṇa-tat-kramayoḥ saṃyamāt-viveka-jaṃ jñānam //

kṣaṇa-刹那；tat-它的；kramayoḥ-连续，顺序；saṃyamāt-通过专念；vivekajaṃ-分辨的；jñānam-知识

专念于刹那以及刹那在时间中的连续，便能获得分辨的知识。（3.53）

“刹那”被视为是最小的时间单元。刹那的连续就是所谓的“时间”，它本质上只是一个心创造的观念。帕拉伯瓦南达说：“通过专念于刹那及刹那在时间中的连续，瑜伽士逐渐认识到整个宇宙在每一刹那都经历着变化，因此他领悟到宇宙的本性是短暂的。这种理解就是所谓的分辨的知识。”[1]

---

① 斯瓦米·帕拉伯瓦南达和克里斯多夫·伊舍伍德著，王志成、杨柳译：《帕坦伽利〈瑜伽经〉及其权威阐释》，北京：商务印书馆2016年，第185页。

जातिलक्षणदेशैरन्यतानवच्छेदात् तुल्ययोस्ततः प्रतिपत्तिः ॥५४॥

jātilakṣaṇadeśairanyatānavacchedāt tulyayostataḥ pratipattiḥ //

jāti-lakṣaṇa-deśaiḥ-anyatā-anavacchedāt tulyayoḥ-tataḥ pratipattiḥ //

jāti-种类；lakṣaṇa-特性；deśaiḥ-位置；anyatā-不同；anavacchedāt-不可区分的；tulyayoḥ-同样；tataḥ-由此，因此；pratipattiḥ-可区分的

由此可以区分两个极其相似的事物，就算它们的种类、特性和位置都一样。（3.54）

一旦具备了这种分辨能力，就能区分两个事物，不管它们之间有多少相似性。因为，瑜伽士专念于刹那之间细微差别，能区分两个事物之间的不同。这一能力保证了瑜伽士可以区分原人和原质，从而保证了瑜伽士可以臻达三摩地，并可以安住于原人之中。

तारकं सर्वविषयं सर्वथाविषयमक्रमं चेति विवेकजं ज्ञानम् ॥५५॥

tārakaṃ sarvaviṣayaṃ sarvathāviṣayamakramaṃ ceti vivekajaṃ jñānam //

tārakaṃ sarva-viṣayaṃ sarvathā-viṣayam-akramaṃ ca-iti viveka-jaṃ jñānam //

tārakaṃ-卓越的，超然的；sarva-所有的；viṣayaṃ-对象，事物；sarvathā-以各种方式；viṣayam-对象，事物；akramaṃ-不连续，同时；ca-和；iti-这，这一；vivekajaṃ-分辨的；jñānam-知识

这种卓越的分辨知识是直觉性知识，能够同时在各种状态下理解各种对象。（3.55）

帕坦伽利说这种分辨知识是直觉性的。除了直觉性知识，还有感性知识、理性知识，但后面的知识并不具备这种导致不执的能力。事实上，我们需要一个“飞跃”。直觉性的分辨知识导致人朝垂直维度发展，这种直觉性垂直维度的认识最大的力量就是让认识主体和认识对象分离。和对象的认同是一种无知或无明，是烦恼、痛苦、麻烦的根源，也是轮回的根源。瑜伽修习最终就是要获得这种直觉力，获得这种分辨的知识，摆脱对象的束缚，成为自由的主体，认识到自己就是不朽的原人。

सत्त्वपुरुषयोः शुद्धिसाम्ये कैवल्यम् ॥५६॥

sattvapuruṣayoḥ śuddhisāmye kaivalyam //

sattva-puruṣayoḥ śuddhi-sāmye kaivalyam //

sattva-萨埵；puruṣayoḥ-原人；śuddhi-纯粹；sāmye-同等；kaivalyam-独存

当萨埵如同原人一样纯粹时，就臻达独存之境。（3.56）

这一节是第三章的总结。瑜伽修习就是要使得萨埵（心）和原人一样纯粹，这样才能完成瑜伽独存之境的目标。萨埵是三德之一，代表了纯粹、稳定、善良、光明、清晰。正如拉斐尔所说的，当萨埵占主导，罗阇和答磨不再竞争时，萨埵使得自己完全纯粹，以至于它反映的是纯粹的原人。[①]这意味着萨埵不再被污染，而全然映射出纯粹的原人。瑜伽修习者在此生获得这样的境地，则他们就是自由的灵魂，就是在世的独存者。正如毗耶娑说的，此时，"无知消失，不再有烦恼。没有烦恼，也就没有业报。在这种状态中，三德的职责完成，不再具有可见性而

① Raphael, *The Regeal Way to Realization(Yogadarśana)*, New York: Aurea Vidya, 2012, p.124.

出现在原人面前。这是原人的独存性。这时，原人唯独闪耀自己形态的光芒，纯洁无瑕，成为独存”[1]。

现在我们就第三章做一个总结。

1. 介绍了瑜伽八支的最后三支，即专注、冥想和三摩地。这三支是连续的，并不分离。

2. 专念是更为精微的瑜伽工具或方式。

3. 专念于不同的脉轮（身体的器官或部位）等带来各种瑜伽的力量，可以控制感官，控制五大元素，控制原质。不执这些由各种专念所获得的超自然力量或能力将导致独存（最终自由）。

第三章给我们最深的印象是，帕坦伽利阐明了内支的本质以及因专念的实践所带来的种种超自然力量或能力。不少人把专念的对象过分地理解为外在的，但事实上从制感之后，瑜伽的实践就是朝内的，而不是朝外的。当帕坦伽利谈到专念于北极星、太阳、月亮这些对象时，我们尽可能地不要仅从字面上去理解。专念主要发生在自身内部，可以把专念的对象理解为身体上的不同部位，特别是不同的脉轮中心或相关区域或身体的重要经络，如中脉、左脉和右脉。甚至像专念于大象这样的说法，都可以作为

① 钵颠阇利著，黄宝生译：《瑜伽经》，北京：商务印书馆2016年，第117页。

象征来表达，是一种对力量的专念。比如根据印度神话，大象可以象征身体中的海底轮。我们认为，这一认识和帕坦伽利的原义是一致的。

从生命管理的角度看，我们需要摆正人生的方向。生命的途中充满了诱惑。在实践瑜伽的路途中，很可能因为自己的成就（力量）而迷失自我，陷入新的困境，甚至倒入轮回的大海。在生命管理的高级阶段，最大的问题依然是正念。在达至圆满之前，需要时时警醒自己。就如学习游泳或者学习开车，直到学会游泳，直到学会开车拿到行驶证，而不可被途中的风景迷惑。

我们对圣洁的《瑜伽经》第三章力量篇的翻译和注释就此结束。

॥ कैवल्यपादः ॥

Kaivalya Pādaḥ

第四章　解脱篇

（凡34节经文）

本章主题

第四章解脱篇总计34节经文，涉及以下主题：获得瑜伽力量的方法、个体性存在的原因、个体和宇宙的心、业、万物统一性、知觉理论、心作为工具、独存的道路、独存。

जन्मौषधिमन्त्रतपःसमाधिजाःसिद्धयः ॥१॥

janmauṣadhimantratapaḥsamādhijāḥ siddhayaḥ //

janma-auṣadhi-mantra-tapaḥ-samādhi-jāḥ siddhayaḥ //

janma-出生；auṣadhi-药草；mantra-曼陀罗；tapaḥ-苦行；samādhi-三摩地；jāḥ-产生的；siddhayaḥ-力量，悉地

特别的力量可能与生俱来，也可以通过药草、念诵曼陀罗、苦行和三摩地获得。（4.1）

现在，我们开始进入第四章解脱篇。

有人认为这第四章是后人增补的。理由是这一章的内容和前面章节的内容多有重复。这里，我们不在这个问题上纠结，而是把这一章视为整部《瑜伽经》一个必要的部分。

这一节告诉我们超自然力量的几种来源：

1. 天生的。从传统的瑜伽哲学来说，有的人潜在印迹中包含了特别的力量（悉地）。用当代人的术语讲，就是基因携带的力量，生下来就是“天才”。或者说，一个人出生成为什么是由他原先的业决定的。

2. 药草。某些药草可以激活人体的潜能，引发特别的体验，甚至带来特别的力量，例如让人“返老还童”，恢

复青春，或者让人长寿。

3. 念诵曼陀罗。曼陀罗涉及心意层，不同曼陀罗具有不同的功能。长期念诵曼陀罗，不仅对精身带来影响，也对粗身带来影响。瑜伽士相信，曼陀罗带来疗愈性的力量。毗耶娑则更强调了曼陀罗的外在力量，例如通过曼陀罗让人腾空而行，变小，等等。[①]在现实中，这种力量并不容易见到，但曼陀罗对人心意的塑造之力量却更容易见到。例如，通过曼陀罗的念诵让人心意平静、充满喜乐。

4. 苦行。严格的苦行会带来巨大的精神力量。这种精神力量会通过某种途径影响外在事物、过程。有人说，甘地的苦行就具有巨大的力量，在印度独立运动中发挥了巨大的作用。毗耶娑则说，苦行的力量就是让人称心如意，有什么愿望就会达成什么愿望。[②]再看古代印度神话，我们常常看到某个大神或某个圣人通过苦行获得巨大的力量。

5. 三摩地。就如第三章所描述的，通过三摩地或者专念，带来种种瑜伽力量（悉地）。

帕坦伽利教导我们，不可把这种瑜伽力量作为修习的目标，更不可执着这些力量，否则它们会成为瑜伽之道上

① 黄宝生译：《奥义书》，北京：商务印书馆2010年，第118页。

② 黄宝生译：《奥义书》，北京：商务印书馆2010年，第118页。

的障碍，因为追求或者执着这样的力量导致我慢的增强。但如果瑜伽士充满正念，在三摩地中或通过专念出现的某些力量不应该被排斥，而应该用于服务他人和社会，以及瑜伽的目标。

जात्यन्तरपरिणामः प्रकृत्यापूरात् ॥२॥

jātyantarapariṇāmaḥ prakṛtyāpūrāt //

jāti-antara-pariṇāmaḥ prakṛti-āpūrāt //

jāti-种类，形态；antara-其他的，另一个；pariṇāmaḥ-转变；prakṛti-原质；āpūrāt-流动

一种生命形态转变成为另一种生命形态，是因为原质的流动。（4.2）

这里谈到了进化或者退化（变化）的原因。一种生命形态转变成为另一种生命形态，如果是从“低级”转向“高级”，可以被视为“进化”；如果从“高级”转向“低级”，可被视为“退化”。在宇宙中，既存在“进化论”，也存在“退化论”。而这一切都是因为原质的运动或者“流入”造成的。

निमित्तमप्रयोजकं प्रकृतीनां वरणभेदस्तु ततः क्षेत्रिकवत् ॥३॥

nimittamaprayojakaṃ prakṛtīnāṃ varaṇabhedastu tataḥ kṣetrikavat //

nimittam-aprayojakaṃ prakṛtīnāṃ varaṇa-bhedaḥ-tu tataḥ kṣetrikavat //

nimittam-助因，偶然原因；aprayojakaṃ-不会引起；prakṛtīnāṃ-自然进化；varaṇa-障碍；bhedaḥ-消除；tu-但是；tataḥ-从那里；kṣetrikavat-像农夫

农夫清除水渠里的障碍物以便让水自然流过；助因不会直接引起自然进化，它们只除去自然进化中的障碍。（4.3）

农夫种植要获得丰收就需要灌溉浇水，而水渠中的障碍物会阻碍水渠中水的流动，进而影响灌溉和收成。但是植物的成长最直接的原因是种子，没有种子，浇灌再多的水也没有用。水或者灌溉只是种子生长的助因。

就如农夫清理水渠保证水渠中的水通畅一样，各种瑜伽实践，例如行动瑜伽、智慧瑜伽、虔信瑜伽、胜王瑜伽、哈达瑜伽、曼陀罗瑜伽、昆达里尼瑜伽等，它们也不过只是清除原人觉悟之道上的障碍而得以让原质顺畅流动。实践的方法本身，并不能直接带来觉悟。

作为生命的管理者，瑜伽士要像农夫一样，要获得瑜伽的丰收，就需要努力勤奋，时刻警惕，清理诸如水渠等通道中的障碍物。生命的进化就是清理障碍的过程，而退化就是增加障碍的过程。科学的生命管理就是要有效地清理障碍。

निर्माणचित्तान्यस्मितामात्रात् ॥४॥

nirmāṇacittānyasmitāmātrāt //

nirmāṇa-cittāni-asmitā-mātrāt //

nirmāṇa-形成的，创造的，个体化的；cittāni-多元性的意识，心；asmitā-有我，阿斯弥达，自我感；mātrāt-最初的

个体化的意识即心，源于有我。（4.4）

这一节经文很容易被误解。

根据毗耶娑的理解，瑜伽士创造了许多身体，这些身体具有了心。这些创造的心是基于有我（阿斯弥达）。[①] 但是，费厄斯坦认为，毗耶娑的理解并不正确。他引用豪尔（J. W. Hauer）的说法，nirmāṇa-cittā一词可以有不同的含义，可以指“个体化的意识即心”，它是现象层的，和纯粹自我即根意识（root-consciousness）是不同的。[②]事实上，我们可以把原初的意识即根意识（也就是纯粹自我）

① 黄宝生译：《奥义书》，北京：商务印书馆2010年，第120页。

② George Feuerstein, *The Yoga-sūtras of Patañjali: A New Translation and Commentary*, Rochester: Inner Traditions International, 1989, p.128.

视为“一”；而现象层面上的意识，也就是个体化的意识即心，视为“多”。这里，类似天上月和水中月的关系，类似中国哲学中的“理一”和“分殊”的关系。在天上月和水中月之间、在理一和分殊之间有个折射的关系。这个折射的源头在于“有我”（asmitā）。正是这个“有我”导致了“个体化的意识即心”。

प्रवृत्तिभेदे प्रयोजकं चित्तमेकमनेकेषाम् ॥५॥

pravṛttibhede prayojakaṃ cittamekamanekeṣām //

pravṛtti-bhede prayojakaṃ cittam-ekam-anekeṣām //

pravṛtti-活动；bhede-不同；prayojakaṃ-引起，起因，根源；cittam-心；ekam-唯一，一；anekeṣām-它们的

尽管心的活动多种多样，但那个最初的有我是它们的起因。（4.5）

基于上一节的理解，我们就很容易理解这里的“一”和“多”之间的关系。这里涉及了三个概念：现象层个体化的意识即心（多）、终极层的纯粹意识（一）以及导致现象层的意识（心）之出现的始作俑者即“有我”。没有“有我”，就没有现象层的个体化意识即心。

瑜伽士的生命管理，就是要管理好个体化的意识（心）如何不执着于现象本身，而通过瑜伽实践回归纯粹意识本身。这个“有我”是问题的根源。只有解决了“有我”问题，才能实现瑜伽的终极目标。

तत्र ध्यानजमनाशयम् ॥६॥

tatra dhyānajamanāśayam //

tatra dhyāna-jam-anāśayam //

tatra-有关这些；dhyāna-冥想；jam-生于；anāśayam-脱离潜在印迹

在各种心中，只有经过冥想净化的心才能脱离潜在印迹。（4.6）

帕坦伽利认为，各种心是多元的，它们是唯一者即纯粹意识（原人）经过“有我”这一棱镜的折射而成了“多”。但各种心都为潜在印迹所遮蔽，所以并不透明，远离了纯粹意识即原人。通过冥想（专念）才可以净化心。冥想净化的结果就是要消除潜在印迹的遮蔽。这类似于禅宗经典《坛经》上说的“身是菩提树，心如明镜台。时时勤拂拭，勿使惹尘埃。”

कर्माशुक्लाकृष्णं योगिनस्त्रिविधमितरेषाम् ॥७॥

karmāśuklākṛṣṇaṃ yoginastrividhamitareṣām //

karma-aśukla-akṛṣṇaṃ yoginaḥ-trividham-itareṣām //

karma-行动，业；aśukla-不是白的；akṛṣṇaṃ-不是黑的；yoginaḥ-瑜伽士的；trividham-三种，三类；itareṣām-其他人的

瑜伽士的业，既不是黑的，也不是白的。其他人的业则有三种：白的、黑的及两者的混合。（4.7）

因为瑜伽士时时“勤拂拭”，他们的业主要是他们瑜伽行动的结果。他们的业不属于恶业（黑的），也不属于善业（白的）。而其他人的业有白的、有黑的，也有黑白混合的。

印度传统中，业可分四类：黑业（见于恶人或坏人）；既白又黑（见于普通人）；白业（见于虔信者）；既不白也不黑（见于成熟的瑜伽士）。

简单地说，真正的瑜伽士之行动已经没有业，属于非业。他们尽管行动，但他们等于没有行动。他们的行动不在常人所见的系列，可以说是超然的。这是修习瑜伽需要臻达的境界。

ततस्तद्विपाकानुगुणानामेवाभिव्यक्तिर्वासनानाम् ॥८॥

tatastadvipākānuguṇānāmevābhivyaktirvāsanānām //

tataḥ-tat-vipāka-anuguṇānām-eva-abhivyaktiḥ-vāsanānām //

tataḥ-从那；tat-它们的；vipāka-果实；anuguṇānām-合适的状况；eva-只有，唯一；abhivyaktiḥ-显现，不同；vāsanānām-习性，潜在欲望，潜意识的欲望

由这三种业所产生的习性，只有在条件合适时才显现出来。（4.8）

黑业、白业和不白不黑的业会构成一个人的习性，而习性的显现需要相应的适宜的条件。一般来说，潜在印迹和习性是密切联系在一起的，一个人的潜在印迹往往通过习性表现出来。

जातिदेशकालव्यवहितानामप्यानन्तर्यं स्मृतिसंस्कारयोरेकरूपत्वात्
॥९॥

jātideśakālavyavahitānāmapyānantaryaṃ smṛtisaṃskārayorekarūpatvat //

jāti-deśa-kāla-vyavahitānām-api-ānantaryaṃ smṛti-saṃskārayoḥ-eka-rūpatvāt //

jāti-出生；deśa-地点、空间；kāla-时间；vyavahitānām-区分，分开；api-即使，也，甚至；ānantaryaṃ-不中断；smṛti-记忆；saṃskārayoḥ-潜在印迹，意志、潜在的意志活动、冲动的欲求；eka-唯一；rūpatvāt-形态

由于记忆和潜在印迹在形态上是一样的，即使被出生、地点和时间所区分，它们之间也有一种连续的关系。（4.9）

这里帕坦伽利回答了记忆和潜在印迹的连续流转问题。基于记忆和潜在印迹在形态上是一样的，所以不会被各种条件所局限，即不会因为出生、所处地点、时间而被限制，它们都具有连贯性。

तासामनादित्वं चाशिषो नित्यत्वात् ॥१०॥

tāsāmanāditvaṃ cāśiṣo nityatvāt //

tāsām-anāditvaṃ ca-āśiṣaḥ nityatvāt //

tāsām-它们（习性）；anāditvaṃ-无始的；ca-和；āśiṣaḥ-（生存）欲望；nityatvāt-永恒的

由于生存的欲望是永恒的，习性没有开端。（4.10）

世上的一切生物体，只要有了个体性、有了“我意识”，就必定存在生存之欲望。这种欲望引发行动，行动呈现习性。习性没有开端，是因为，生存的欲望没有开端。

हेतुफलाश्रयालम्बनैः संगृहीतत्वादेषामभावे तदभावः ॥११॥

hetuphalāśrayālambanaiḥ saṃgṛhītatvādeṣāmabhāve tadabhāvaḥ //

hetu-phala-aśraya-ālambanaiḥ saṃgṛhītatvāt-eṣām-abhāve tat-abhāvaḥ //

hetu-原因；phala-结果；aśraya-基础；ālambanaiḥ-对象；saṃgṛhītatvāt-结合在一起；eṣām-这些；abhāve-消失；tat-它们；abhāvaḥ-消失

习性是由原因、结果、基础、对象结合在一起而形成的。如果这些全部消除，习性便被摧毁。（4.11）

尽管习性没有开端，但是瑜伽士可以终结习性。

帕坦伽利告诉我们，习性是由原因、结果、基础、对象结合在一起而形成的，而消除了原因、结果、基础、对象等习性产生的原因或者要素，也就消除了习性。这里，“原因”就是无明，它是所有习性的根源。“结果”就是业，即行动的果实。“基础”就是心，心是所有习性的仓库。而“对象”就是刺激了心而形成心的波动的外在对象。消除了这四个因素，习性就会被终结。

अतीतानागतं स्वरूपतोऽस्त्यध्वभेदाद्धर्माणाम् ॥१२॥

atītānāgataṃ svarūpato’styadhvabhedāddharmāṇām //

atīta-anāgataṃ sva-rūpataḥ-asti-adhva-bhedāt-dharmāṇām //

atīta-过去；anāgataṃ-未来；sva-自己的；rūpataḥ-形态；asti-存在；adhva-显现；bhedāt-改变，变化；dharmāṇām-特征

过去和未来是实际存在的，因为根据它们的特征展示的时间，只是不同于现在。（4.12）

这一节涉及的是帕坦伽利对“时间”的看法。

过去、现在和未来是相对的。现在会成为过去，未来会成为现在。过去是实际存在的，就是过去了的现在。未来是实际存在的，就是将到来的现在。过去和未来只是不同于现在的时间，但它们本质上是一样的。瑜伽修习，最终会明白只有完全的当下（Now）。摆脱了种种束缚，过去和未来的观念也将超越。

ते व्यक्तसूक्ष्मा गुणात्मानः ॥१३॥

te vyaktasūkṣmā guṇātmānaḥ //

te vyakta-sūkṣmāḥ guṇa-ātmānaḥ //

te-它们（特征）；vyakta-显现；sūkṣmāḥ-细微；guṇa-三德；ātmānaḥ-本性

不管是显现还是未显，这些特征都属于三德。（4.13）

过去、现在和未来，已经显现的，还没有显现的，这些都只是三德的显现或者展示。原质，通过三德的属性不断变化、不断展示，有些已经在过去显现、在现在显现，有些还没有显现或在未来显现，或者不显现。显现的和未显的，都属于三德。

परिणामैकत्वाद्वस्तुतत्त्वम् ॥ १४ ॥

pariṇāmaikatvādvastutattvam //

pariṇāma-ekatvāt-vastu-tattvam //

pariṇāma-转变；ekatvāt-由于统一；vastu-事物；tattvam-实在性，真实

事物的实在性是由于三德转变的一致性。（4.14）

某个事物，之所以是“某个事物”，是由于它的显现的实在性或者一定时间内的特征的稳定性。例如，你的双手，过了十年，手还是手，并没有变为腿，这是因为尽管手也在变化——变粗糙了，变得不灵活了，但是手还是手。帕坦伽利认为，你的身体保持了不同部分的自身一致性。这种一致性是每个存在物都必须遵循的。每个事物或对象具有相应的稳定性，不会一会儿长成这样，一会儿长成那样。三德是服务于原人的。创造的目的性保证了事物存在的实在性。简单地说，三德运行具有一致性，有自身的使命或目的，就是服务于原人。

वस्तुसाम्ये चित्तभेदात् तयोर्विभक्तः पन्थाः ॥१५॥

vastusāmye cittabhedāt tayorvibhaktaḥ panthāḥ //

vastu-sāmye citta-bhedāt tayoḥ-vibhaktaḥ panthāḥ //

vastu-对象；sāmye-一样的；citta-心；bhedāt-由于差异；tayoḥ-它们的；vibhaktaḥ-是不同的；panthāḥ-（感知）方式

相同的对象在不同的心中以不同的方式被感知，因此心必定不同于对象。（4.15）

这里暗示了瑜伽的知觉理论。对象是同一个，然而，由于心的不同而有不同的知觉。在不同条件下，对同一事物的知觉是不同的。由此也可以确定的是，心和对象不一样。心不同于对象，相对来说，心是主体，对象是客体。心是认识者，对象是被认识者。

न चैकचित्ततन्त्रं चेद्वस्तु तदप्रमाणकं तदा किं स्यात् ॥१६॥

na caikacittatantraṃ cedvastu tadapramāṇakaṃ tadā kiṃ syāt //

na ca-eka-citta-tantraṃ ced-vastu tat-apramāṇakaṃ tadā kiṃ syāt //

na-也不；ca-和；eka-某个，单个；citta-心；tantraṃ-依赖；ced-它；vastu-对象；tat-那；apramāṇakaṃ-不被感知；tadā-于是；kiṃ-什么；syāt-会发生

不能说对象依赖于某个人的心的感知而存在。因为如果是这样，当某个人的心不再感知它时，就可以说对象不存在了。（4.16）

这一节紧接上节，继续谈知觉理论。如果心同于对象，对相同对象的感知就会是一样的。然而，我们的经验是，不同的心对同一个对象的感知是不同的。并且，某个人没有感知到某个对象，我们不能说这个对象是不存在的，因为其他人可能感知了这个对象。因此，心不同于对象，并且我们也不能说对象依赖于某一个人的心的感知而存在。

对象具有客观性，感知者（心）是主体。客观的对象是独立存在的。主观的心去感知对象，不同条件下就有不同的感知。英国哲学家贝克莱（George Berkeley）说，存

在就是被感知。当然，帕坦伽利不会接受这样的唯我论观点。帕坦伽利认为，对象不依赖于某个人的心。如果依赖于某个人的心，那么这个现象世界就是主观的。当这个心和纯意识即原人一致时，也就是进入独存而不再感知现象世界时，现象世界就不存在了。事实上，依据数论哲学和瑜伽派哲学，现象世界是独立于个别的心的，即当心走向觉悟、进入独存之境地时，这个现象世界依然存在，依然可以为其他的心所感知。

तदुपरागापेक्षित्वाच्चित्तस्य वस्तु ज्ञाताज्ञातम् ॥ १७ ॥

taduparāgāpekṣitvāccittasya vastu jñātājñātam //

tat-uparāga-apekṣitvāt-cittasya vastu jñāta-ajñātam //

tat-因此；uparāga-被染着；apekṣitvāt-依赖于；cittasya-心的；vastu-对象，事物；jñāta-被认识；ajñātam-不被认识

对象是可知的还是不可知的，取决于心的状态。（4.17）

心需要认知的对象来反射，只有这样才会有对象的知识。萨拉斯瓦蒂说："只要观念的对象不反射在心中，心就没有那个特定对象的知识或认知。"[①]即便心和对象面对面，但对象不反射在心上，也不会有那个对象的知识。这样就可以理解，一个对象是否可知是基于对象是否反射在心上，也就是取决于心的状态。

① Swami Satyananda Saraswati，*Four Chapters on Freedom*，Bihar：Yoga Publications Trust，2013，p.328.

सदा ज्ञाताश्चित्तवृत्तयस्तत्प्रभोः पुरुषस्यापरिणामित्वात् ॥१८॥

sadā jñātāścittavṛttayastatprabhoḥ puruṣasyāpariṇāmitvāt //

sadā jñātāḥ-citta-vṛttayaḥ-tat-prabhoḥ puruṣasya-apariṇāmitvāt //

sadā-始终；jñātāḥ-被认识；citta-心；vṛttayaḥ-波动；tat-它的；prabhoḥ-主，主宰；puruṣasya-原人的；apariṇāmitvāt-由于不改变，由于不变化

因为心的主宰即原人是不会变化的，所以它总能知道心的波动变化。（4.18）

相对于原人，心不是真正的认识主体，不是真正的目击者或见者。这个现象世界的一切不断地经历着变化，但所有的变化现象都有一个背景，这个背景就是永恒不变的原人（普鲁沙）。心由不变的原人主宰，原人始终目击着心的波动。

न तत् स्वाभासं दृश्यत्वात् ॥१९॥

na tat svābhāsaṃ dṛśyatvāt //

na tat svābhāsaṃ dṛśyatvāt //

na-不；**tat**-它；**svābhāsaṃ**-自我照亮的，自明的；**dṛśyatvāt**-因为它的感知

心不是自明的，因为它是原人的感知对象。（4.19）

太阳独自照耀，不断发出光芒，但月亮不能。月亮只能反射太阳的光芒。同样，我们的内在自我即原人独自照耀，不断发出光芒，而心就如月亮一样，心不是自明的，但心不断地反射出原人的光芒。萨拉斯瓦蒂告诉我们，当心意朝内、超越感官限制时，一个人就开始意识到原人不同于心，是原人照亮了心。瑜伽士在三摩地中的觉知力是其心意所具有的能力，但它只是一种反射力。

简单地说，心不是原人，但心可以反射原人之光。正因为如此，心当然也可以遮蔽原人之光。瑜伽士的瑜伽行动就是要控制心的波动，以便能清晰地反射原人之光。这就是瑜伽行动的意义所在。

एकसमये चोभयानवधारणम् ॥२०॥

ekasamaye cobhayānavadhāraṇam //

eka-samaye ca-ubhaya-anava-dhāraṇam //

eka-一；samaye-时间；ca-和；ubhaya-两者（原人和感知对象）；anavadhāraṇam-不区分

还因为心不能同时区分原人和感知对象。（4.20）

更进一步，心不是自明的，还因为心不能同时区分原人和感知对象。正因为心不能同时区分原人和感知对象，瑜伽士才需要分辨原人和原质，才需要消除原质展示的对象之影响。

当心作为认识者时，其能力来自原人。但它是有局限的，当它作为认识者的时候，它无法认识自己，它不能同时成为经验者和经验的对象。我们要认识认识者就需要另一个认识者来认识这个认识者，也就是把前面这个认识者转变为认识对象。认识认识者意味着不断后退，最终我们会意识到心不是认识者，真正的认识者是原人，心只是原人的感知对象。

चित्तान्तरदृश्ये बुद्धिबुद्धेरतिप्रसङ्गः स्मृतिसंकरश्च ॥२१॥

cittāntaradṛśye buddhibuddheratiprasaṅgaḥ smṛtisaṃkaraśca //

citta-antara-dṛśye buddhi-buddheḥ-atiprasaṅgaḥ smṛti-saṃkaraḥ-ca //

citta-心；antara-另一个；dṛśye-感知；buddhibuddheḥ-感知的感知；atiprasaṅgaḥ-无尽；smṛti-记忆；saṃkaraḥ-混乱；ca-和

如果假定有第二个心来感知第一个心，那么就必须假定有无限个心，这会导致记忆混乱。（4.21）

前面已经说到，认识认识者就需要不断地后退，意味着由不断后退的认识者来认识前面的认识者。这就意味着无限倒退，也就必须假定有无限个心。而这会导致记忆混乱。

चितेरप्रतिसंक्रमायास्तदाकारापत्तौ स्वबुद्धिसंवेदनम् ॥२२॥

citerapratisaṃkramāyāstadākārāpattau svabuddhisaṃvedanam //

citeḥ-apratisaṃkramāyāḥ-tat-ākāra-āpattau sva-buddhi-saṃvedanam //

citeḥ-觉知的，意识的；apratisaṃkramāyāḥ-不变的；tat-那；ākāra-形式；āpattau-进入状态，遍布；sva-自己的；buddhi-认知，觉知，智性；saṃvedanam-经验到，知道

尽管原人不变，但通过变成知觉的形态而知道自己的觉知。（4.22）

既然原人是永恒的，即不变的，那么原人又是如何感知自身、感知心这个对象呢？这一节经文清楚地告诉我们，原人通过成为知觉的形态即心而感知他自身的感知。这一节经文表明了我们个体意识即无数的原人感知自身的原理。

独一的纯粹意识是永恒的、不变的。但我们所见的意识（心）是多元的、丰富的。如何理解这一现象呢？根据数论哲学，菩提（大）是原质的第一个进化产物，它最精微，最接近原人。原人允许菩提清晰地反射原人之光。宇宙中无数的心生于纯粹自我即原人。我们在每个心中似乎

都见到原人（反射的），但其实只是见到反射的原人，就如在一颗水珠里见到太阳。

द्रष्टृदृश्योपरक्तं चित्तं सर्वार्थम् ॥२३॥

draṣṭṛdṛśyoparaktaṃ cittaṃ sarvārtham //

draṣṭṛ-dṛśya-uparaktaṃ cittaṃ sarva-artham //

draṣṭṛ-见者，原人；dṛśya-所见，原质；uparaktaṃ-着色，受影响；cittaṃ-心；sarva-所有的；artham-对象

心，既受到见者的影响，也受到所见的影响，所以它能够理解一切事物。（4.23）

心非常特别。它被视为边缘性的存在。它是原人感知的对象。从本质上说，心属于原质。但心具有一种特殊的觉知能力，即从原人那里借用来的知觉的力量。因此，它既可以被外在的对象所影响，又被它自身的主宰即原人这位见者所影响。正因为基于此，心才具有了理解一切事物的潜能。

तदसंख्येयवासनाभिश्चित्रमपि परार्थं संहत्यकारित्वात् ॥२४॥

tadasaṃkhyeyavāsanābhiścitramapi parārthaṃ saṃhatyakāritvāt //

tat-asaṃkhyeya-vāsanābhiḥ-citram-api para-arthaṃ saṃhatya-kāritvāt //

tat-那；asaṃkhyeya-无数的；vāsanābhiḥ-习性；citram-着色的，受影响的；api-尽管，即使，也，甚至；para-另一个；arthaṃ-目的；saṃhatya-与（原人）联合；kāritvāt-由于活动，由于行动

尽管心被无数的习性所影响，但心只服务于原人，因为它只能和原人联合行动。（4.24）

这一节明确了心的定位和功能。尽管心非常复杂，但它的使命只是服务于原人，并且这一服务的功能只有和原人联合在一起才可以发挥出来，也即是，离开原人，心的觉知力就无法发挥作用。

心是双面人，它既服务于外在的对象，又服务于原人。当它服务于外在对象、满足欲望时，就会忘记自身服务于原人的使命；而当它服务于原人时，它就超越了欲望，不被外在对象所束缚、所染着。

如此，瑜伽士面临着选择。一旦选择了服务于原人，就是瑜伽士之路，就是让心服务于原人。但心似乎保留了

自由意志，心完全可以处于满足欲望的对象世界中。只有当心意厌倦了欲望世界，把心转向内部，心才可能重新启程，走向它的“天命”，即服务于原人。

विशेषदर्शिन आत्मभावभावनानिवृत्तिः ॥२५॥

viśeṣadarśina ātmabhāvabhāvanānivṛttiḥ //

viśeṣa-darśinaḥ ātma-bhāva-bhāvanā-nivṛttiḥ //

viśeṣa-分辨，区分；darśinaḥ-见者的，原人的；ātmabhāva-自我意识；bhāvanā-思想；nivṛttiḥ-完全终止

那些看到心和原人之差别的人，永远不会再把心视为原人。（4.25）

通过数论哲学，现在我们可以分辨出心和原人之间的差别。逻辑上说，数论哲学家是解脱者，他不会让自己认同于原质。帕坦伽利瑜伽就是要实证这一点，因为他认为单单认识论上的认识并不足以使得人们在生存论上分辨心和原人。由于受到习性或潜在印迹的影响，我们难以做到原人的归原人、原质的归原质。根据帕坦伽利的观点，通过瑜伽修习，也就是通过不断修心的过程，通过瑜伽八支，净化心，慢慢地为萨埵所主宰，这样就可以越来越容易避免习性或潜在印迹的影响，最终纯净的心真实地反射原人，真正看清心和原人的差别。一旦真正达到这个境界，人就进入了最高的三摩地。

तदा विवेकनिम्नं कैवल्यप्राग्भारं चित्तम् ॥२६॥

tadā vivekanimnaṃ kaivalyaprāgbhāraṃ cittam //

tadā viveka-nimnaṃ kaivalya-prāgbhāraṃ cittam //

tadā-于是；viveka-分辨；nimnaṃ-倾向于；kaivalya-独存；prāgbhāraṃ-吸引；cittam-心

当心倾向于分辨时，它就向独存迈进。（4.26）

当纯净的心倾向于分辨自身和原人时，当心分辨了自身和原人时，即心分辨了原质的一切都是短暂的、有限的、轮回性的、痛苦的，而原人才是自由的、圆满的、永恒的，这时，它就迈向了独存。

तच्छिद्रेषु प्रत्ययान्तराणि संस्कारेभ्यः ॥२७॥

tacchidreṣu pratyayāntarāṇi saṃskārebhyaḥ //

tat-chidreṣu pratyaya-antarāṇi saṃskārebhyaḥ //

tat-于是；chidreṣu在……之间；pratyayantarāṇi-产生涣散思想；saṃskārebhyaḥ-从过去的潜在印迹

人心对其分辨修习哪怕稍有放松，也会因为过去的潜在印迹导致精神涣散。（4.27）

分辨是一种瑜伽功夫。在修习分辨时，心会受到各种阻碍或诱惑。例如，有我（私我）会不断跳出来辩护，会想出各种“诡计”把人拉回到对原质及其变幻现象的认同中。其中的认同有高有低，甚至会以追求灵性的名义诱惑或阻碍真正的分辨修习。在真正具备这种分辨力之前，心始终可能“跌倒”。瑜伽实践是一条崎岖不平的道路。在此过程中，很可能被过去的潜在印迹所绊倒，无法臻达分辨之胜境。瑜伽士需要时时刻刻警醒。

हानमेषां क्लेशवदुक्तम् ॥२८॥

hānameṣāṃ kleśavaduktam //

hānam-eṣāṃ kleśavat-uktam //

hānam-消除；eṣāṃ-这些，它们（旧的潜在印迹）；kleśavat-就如在（消除觉悟）障碍的情形中；uktam-如前所述

可以用消除觉悟之障碍的同样方式来克服精神涣散。（4.28）

帕坦伽利在《瑜伽经》第一章第30节告诉我们瑜伽觉悟的障碍主要是：疾病、疲倦、怀疑、拖延、懒惰、欲念、妄见、精神不集中和注意力不稳定，还有第二章第3节中提及的无明、有我、贪恋、厌弃和惧怕死亡。

这一节，帕坦伽利告诉我们，可以用消除瑜伽途中的障碍的那些方式来克服精神涣散。消除障碍的方式主要见于第一章第27–29节："表达自在天的词是唵（Om）。常念此词，并冥想它的意义。由此，觉知朝内，障碍被克服。"第32节："专注于一个真理可以消除心的涣散。"第二章第1–2节："苦行、自我研习和顺从自在天构成了克里亚瑜伽。它帮助我们减少痛苦，达到三摩地。"第10–11节："当这些痛苦变得细微时，就可以通过返回到它们的最初因即原质而将之摧毁。通过冥想，可以摧毁充分发展了的痛苦”，以及第26节：“摧毁无明的方法是持续不断地分辨原人和原质。”

प्रसंख्यानेऽप्यकुसीदस्य सर्वथा विवेकख्यातेर्धर्ममेघः समाधिः ॥२९॥

prasaṃkhyāne'pyakusīdasya sarvathā vivekakhyāterdharmameghaḥ samādhiḥ //

prasaṃkhyāne-api-akusīdasya sarvathā viveka-khyāteḥ-dharmameghaḥ samādhiḥ //

prasaṃkhyāne-最高的知识；api-即使，也，甚至；akusīdasya-毫无兴趣；sarvathā-完全，至高；vivekakhyāteḥ-分辨性洞察；dharmameghaḥ-法云；samādhiḥ-三摩地

即使对最高的知识也毫无兴趣，这样的人因其达到了完全的分辨，而臻达法云三摩地。（4.29）

这里，帕坦伽利可能采用了大乘佛教中的一个术语"法云"（dharmameghaḥ，又译为"德云"）。在帕坦伽利这里，法云三摩地已经到达了三摩地的巅峰。在法云三摩地这一境界，人的一切欲望、无知、不净等都已经消除，没有了任何更高的心愿去追求什么，就如帕坦伽利说的，即便是对最高的知识也毫无兴趣，因为这时他已经达到了完全的分辨，即他已经完全分辨了原人和原质。

顺便说一句，一般地，我们可以把法云三摩地理解

为获得最终的独存之境之前最后的一道余光，之后就消失了，剩下的无法言说。

ततः क्लेशकर्मनिवृत्तिः ॥३०॥

tataḥ kleśakarmanivṛttiḥ //

tataḥ kleśa-karma-nivṛttiḥ //

tataḥ-从此；kleśa-痛苦，烦恼；karma-行动，业；nivṛttiḥ-终止，断除

从此断除了痛苦，并摆脱了业。（4.30）

辨喜说，法云三摩地到来之时，就不再恐惧失败堕落，没有任何事物能够拖累瑜伽士。对他来说，不再有邪恶，也不再有痛苦。[①]一旦达到法云三摩地，也就终结了所有的痛苦和烦恼，断了业根，不会再造出新的业来。此刻，瑜伽士成了生前解脱的灵魂。

① Swami Vivekananda, *The Complete Works of Swami Vivekananda*, Kolkata: Advaita Ashrama, 2002, Vol. 1, p.304.

तदा सर्वावरणमलापेतस्य ज्ञानस्यानन्त्याज्ज्ञेयमल्पम् ॥३१॥

tadā sarvāvaraṇamalāpetasya jñānasyānantyājjñeyamalpam //

tadā sarva-āvaraṇa-mala-apetasya jñānasya-ānantyāt-jñeyam-alpam //

tadā-因此，于是；sarva-所有的；āvaraṇa-遮蔽物；mala-不纯；apetasya-消除；jñānasya-知识的；ānantyāt-因为无限；jñeyam-被知道；alpam-非常少，微不足道

因此，也完全消除了所有的知识的遮蔽物和不纯。由于这一无限的知识，感觉所认识的一切都显得微不足道了。（4.31）

对于臻达法云三摩地的解脱灵魂来说，已经没有了任何的遮蔽，没有了不纯。他已经达到了最高的不执。站在这巅峰，看曾经发生过的一切，都不过是过眼云烟，都微不足道了。

ततः कृतार्थानां परिणामक्रमसमाप्तिर्गुणानाम् ॥३२॥

tataḥ kṛtārthānāṃ pariṇāmakramasamāptirguṇānām //

tataḥ kṛtā-arthānāṃ pariṇāma-krama-samāptiḥ-guṇānām //

tataḥ-于是；kṛtārthānāṃ-实现了它们的目的；pariṇāma-转变，变化；krama-连续；samāptiḥ-结束，完成；guṇānām-德，三德

三德的连续变化由此结束，因为它们的目的已经达成。（4.32）

对象世界的存在是基于三德的运行或者连续变化。获得了法云三摩地，最终摆脱了三德的束缚，没有了业，没有了潜在印迹，没有了习性，已经完全认识到自己不是原质及其展示的一切，而是原人本身，这一认识直接导致三德连续变化的终结。此时，三德完成了自己服务于原人的使命。从此，没有进化，没有退化，没有生死，没有轮回，也没有习性、记忆和潜在印迹。

क्षणप्रतियोगी परिणामापरान्तनिर्ग्राह्यः क्रमः ॥ ३३ ॥

kṣaṇapratiyogī pariṇāmāparāntanirgrāhyaḥ kramaḥ //

kṣaṇa-pratiyogī pariṇāma-aparānta-nirgrāhyaḥ kramaḥ //

kṣaṇa-刹那；pratiyogī-不间断的，连续的；pariṇāma-转变，变化；aparānta-最后，最终；nirgrāhyaḥ-理解，认识；kramaḥ-连续，系列

这一连续的变化发生在每一刹那，但只有到一个系列结束时才能被理解。（4.33）

三德始终在不断地运动，变化在每一刹那发生。我们认为原质构成的事物是稳定的，其实它们一直都在变化。我们甚至找不到哪怕片刻不变的事物。这里，帕坦伽利阐明了变化和刹那的关系。三德在每一个刹那都是变化的，但人们并不知道这些变化，认为它们是持续的。而一旦一个序列结束，也即是从无知到觉悟这一序列完成时，我们才能理解三德连续的变化。三德运动，给人的印象是连续的，但其实每个刹那都是一个断裂。就如我们看电影，电影播放是连续的，但其实连续播放的镜头是由无数个镜头连续闪过所产生的视觉效果。瑜伽修习终将终止对三德连续变化的认同，最终摆脱三德的束缚，而成为三德之主。

पुरुषार्थशून्यानां गुणानां प्रतिप्रसवः कैवल्यं स्वरूपप्रतिष्ठा वा चितिशक्तिरिति ॥३४॥

puruṣārthaśūnyānāṃ guṇānāṃ pratiprasavaḥ kaivalyaṃ svarūpapratiṣṭhā vā citiśaktiriti //

puruṣa-artha-śūnyānāṃ guṇānāṃ pratiprasavaḥ kaivalyaṃ sva-rūpa-pratiṣṭhā vā citi-śaktiḥ-iti //

puruṣa-原人；artha-目的；śūnyānāṃ-缺乏；guṇānāṃ-三德的；pratiprasavaḥ-分解为，返回，退化；kaivalyaṃ-独存；svarūpa-自己的本性中；pratiṣṭhā-安住，确立；vā-或者；citiśaktiḥ-意识的力量；iti-这样，因而

当三德作为原质之属性不再服务于原人时，它们就消融于原质。这就是独存。原人作为纯粹意识，安住在其自身的本性中。（4.34）

这一节是帕坦伽利瑜伽哲学的巅峰之句。这节经文也和第一章第3节（“见者就安住在其自身的本性中”）前后呼应。

通过瑜伽修习，最终三德作为原质之属性完成了自己的使命而不再服务于原人，此时，三德就消融于原质，原人就获得了独存。辨喜就此做了精彩的评注：“原质的任务已经完成，这一无私的任务是被我们和蔼的母亲即原

质，加诸在她自身之上的。她用手轻轻托起忘记了自我的灵魂，让他再看一看他在宇宙中的所有经验、所有表现，带领他穿越各种身体越升越高，直到找回他失去的荣耀、回想起自己的本性。然后，这位善良的母亲沿着来时的路回去了，因为还有人迷失在无踪可循的生命沙漠中。这是她的工作，没有起点，也没有终点。在经历苦乐、经历善恶之后，无尽的灵魂之河正汇入圆满和自我觉悟的海洋。”①

我们对第四章做一个简单总结：

1. 考察瑜伽力量的来源。

2. 论述进化的思想。

3. 深度讨论业的理论。

4. 深度讨论潜在印迹。

5. 深度讨论见者和所见。

6. 论述进入独存的最后“景象”——法云三摩地（等同于无种三摩地）。

至此，我们完成了《瑜伽经》的注释。帕坦伽利《瑜伽经》作为吠陀文献之一，确实是一部特别的生命管理学著

---

① Swami Vivekananda, *The Complete Works of Swami Vivekananda*, Kolkata: Advaita Ashrama,2002, Vol. 1, p.304.

作。对于普通人，吠陀提供的是多目标管理，把社会的人有效地整合起来。但对于追求生命最终解脱的人，需要特别的指导。《瑜伽经》是针对那些走向解脱的人的。它一开始就为人们确定了瑜伽的目标——三摩地。这是吠陀文化对人的生命规划的高级阶段。有了目标，还需要有有效的实践步骤。帕坦伽利提供了非常严密的瑜伽八支。在此之前，古代印度对瑜伽已经有了各种实修之法，而帕坦伽利这次提供了一个非常完整的修习系统。每个修习步骤环环相扣，把人推向瑜伽的最终目标，实现人生的圆满管理。

我们对圣洁的《瑜伽经》第四章解脱篇的翻译和注释就此结束。

附录 1

《瑜伽经》（全文）

[古印度] 帕坦伽利 著

王志成 汉译

第一章　三摩地篇

现在开始我们的瑜伽教导。（1.1）

瑜伽是约束心的波动。（1.2）

（一旦约束了心的波动，）见者就安住在其自身的本性中。（1.3）

不然，见者（依然）认同于心的波动。（1.4）

心的波动有五种，有些是痛苦的，有些并不痛苦。（1.5）

它们分别是：正知、谬误、想象、睡眠和记忆。（1.6）

正知的来源是直接感觉、推论和经典证言。（1.7）

谬误是基于错误的认识，并不符合事物或现象的真相。（1.8）

想象是一种知识，它只依据言辞，脱离任何外在对象。（1.9）

睡眠是缺乏思想内容支持的心的波动。（1.10）

记忆是未遗忘却经验到的对象。（1.11）

通过修习和不执可以约束这五种波动。（1.12）

修习就是努力达到心的稳定。（1.13）

经过长期不间断的虔诚专心，修习的基础将非常稳固。（1.14）

不执是一种自我掌控，它摆脱了对所见所闻之物的欲望。（1.15）

认识了原人，对三德的任何表象都无欲无求，这是至高的不执。（1.16）

有智三摩地分为四种：推理、反思、喜悦和有我。（1.17）

另一种三摩地即无智三摩地，修习终止认知，只留下潜在印迹。（1.18）

无身瑜伽士和融于原质的瑜伽士，他们依靠出生就能达到无智三摩地。（1.19）

对于其他人，无智三摩地需要经历信、力、念、慧几个阶段。（1.20）

勇猛精进的人会很快修成瑜伽。（1.21）

根据修习手段的弱、中、强，达成瑜伽的快慢有别。（1.22）

通过虔信自在天也能达到三摩地。（1.23）

自在天是一个特殊的原人，不受烦恼、业、业果、储存之业的影响。（1.24）

在自在天那里，全知的种子是无法超越的。（1.25）

自在天是最早的导师的导师，因为他不受时间限制。（1.26）

表达自在天的词是唵。（1.27）

常念此词，并冥想它的意义。（1.28）

由此，觉知向内，障碍被消除。（1.29）

疾病、疲倦、怀疑、拖延、懒惰、欲念、妄见、精神不集中和注意力不稳定，这些心的涣散都是障碍。（1.30）

心的涣散常伴随着痛苦、沮丧、身体摇晃和呼吸不畅。（1.31）

专注于一个真理可以消除心的涣散。（1.32）

心的平静来自对德性的培养：对幸福者友善和对不幸者慈悲、对有德者喜悦和对邪恶者冷漠。（1.33）

或者，通过调节呼吸，使心平静。（1.34）

或者，通过专注细微的感知，使心平静。（1.35）

或者，通过专注于至上的、永恒喜乐的内在之光，使心平静。（1.36）

或者，通过专注那些不执于欲望的觉悟者之心，使心平静。（1.37）

或者，通过专注梦境或深度睡眠的经验，使心平静。（1.38）

或者，通过冥想符合自己心愿的对象，使心平静。（1.39）

由此瑜伽士可以掌控冥想对象，小如原子，大至无限。（1.40）

纯净的水晶会接受离它最近的物体的色彩，心也一样，当约束了心的波动时，就会达到认知者、认知对象以及认知的同一。这种与认知对象的同一被称作三摩地。（1.41）

当心与专注的粗糙对象达成同一，但仍掺杂着名称、性质和知识的意识，这被称为有寻三摩地。（1.42）

当心与专注的粗糙对象达成同一，且不掺杂名称、性质和知识的意识，只留下对象本身，就被称为无寻三摩地。（1.43）

当专注对象是细微对象时，所谓的有伺三摩地和无伺三摩地可以用同样的方式得到解释。（1.44）

在所有细微对象的背后是原质这个最初因。（1.45）

上面谈到的三摩地被称作有种三摩地。（1.46）

在无伺三摩地中，至上自我光辉照耀。（1.47）

在这种三摩地中，知识可以说充满真理。（1.48）

内容上它不同于通过推理和研习经典所获得的知识，因为它涉及事物的本质。（1.49）

三摩地加之于心的印迹，将消除过去的所有其他印迹。（1.50）

由三摩地产生的印迹也被约束，心中不再有心的波动，这时，就进入了无种三摩地。（1.51）

第二章　修习篇

苦行、自我研习和顺从自在天构成了克里亚瑜伽。（2.1）

它帮助我们减少痛苦，达到三摩地。（2.2）

这些痛苦是无明、有我、贪恋、厌弃和惧怕死亡。（2.3）

无明产生出其他所有的痛苦。那些痛苦可能是潜伏的、微弱的、间断的或活跃的。（2.4）

把无常、不净、苦和非我认同为常、净、乐、我，这就是无明。（2.5）

见者认同所见，这就是有我。（2.6）

贪恋就是总想着欢愉。（2.7）

厌弃就是总想着痛苦。（2.8）

惧怕死亡就是渴望生命独自永驻，甚至对于智者也是如此。（2.9）

当这些痛苦变得细微时，就可以通过返回到它们的最初因即原质而将之摧毁。（2.10）

通过冥想，可以摧毁充分发展了的痛苦。（2.11）

痛苦是业之根。它们都会在可见的今生或不可见的来世体验到。（2.12）

只要业的根存在，它就会成熟，导致不同的出生、寿

命以及生活经验。（2.13）

快乐和痛苦的经验分别是善行和恶行的结果。（2.14）

由于变化、焦虑、潜在印迹的痛苦，也由于三德运行的冲突，对于有分辨力的人来说，确实一切都是痛苦的。（2.15）

还未到来的痛苦是可以避免的。（2.16）

见者和所见结合，是可避免的痛苦的原因。（2.17）

所见具有三德的性质，即光明、活力和惰性，它们由诸元素和感官构成，目的是为见者提供经验，并让见者从中获得解脱。（2.18）

三德要经历有特征的、无特征的、分化的和未分化的四种状态。（2.19）

见者只是纯粹意识，但尽管纯粹，它似乎通过心在认识。（2.20）

所见仅仅是为了服务于见者的目的而存在。（2.21）

对解脱者来说，尽管所见的局限已经消失，但对其他人而言，它仍然存在。（2.22）

原人和原质的“结合”，是为了认识原人和原质的本性与力量。（2.23）

这种“结合”的原因是无明。（2.24）

一旦消除无明，这种“结合”就不再发生。这就是见者的独存。（2.25）

摧毁无明的方法是持续不断地分辨原人和原质。（2.26）

获得这种认识要经历七个阶段。（2.27）

通过修习瑜伽八支，一旦除去了所有的不净，智慧之光就分辨了原人和原质。（2.28）

瑜伽八支是：禁制、劝制、坐法、调息、制感、专注、冥想、三摩地。（2.29）

禁制就是不杀生、不说谎、不偷盗、不纵欲、不贪婪。（2.30）

这些大誓言是普遍的，不受种姓、地点、时间和环境的限制。（2.31）

劝制就是纯净、满足、苦行、自我研习、顺从自在天。（2.32）

受到消极思想扰乱时，就应该想到积极思想。（2.33）

消极思想，如暴力、不诚实，可能会直接产生或被间接地引发，甚至怂恿行动，伴随贪婪、嗔怒、痴迷，无论其强度是温和的、中度的还是猛烈的，都会导致无尽的痛苦和无明。人们应该认识到这一点，并培养积极思想。（2.34）

当一个人不再杀生时，所有生物都不会对他产生敌意。（2.35）

当一个人不再说谎时，行动和结果就相互依赖。（2.36）

当一个人不再偷盗时，一切财富就接近他了。（2.37）

当一个人不再纵欲时，他便会获得能量。（2.38）

当一个人不再贪婪时，他就会完全明白如何出生以及

为何会出生。（2.39）

纯净使人疏远身体，厌恶与他人接触。（2.40）

因为身体纯净，带来思想纯净，心灵纯净，心生欢喜，心注一处，控制感官，得以觉悟自我。（2.41）

由于满足，人得到最大快乐。（2.42）

由于苦行，不净得以清除，身体和感官因此获得特殊的能力。（2.43）

通过自我研习，可以和择神相融合。（2.44）

通过全然地顺从自在天，可获得三摩地。（2.45）

坐法必须安稳自如。（2.46）

放松身体，冥想无限者，坐法便安稳自如。（2.47）

这样，人就不再受感官经验二元性的困扰。（2.48）

掌握坐法后，通过呼气吸气进行停顿习练，这就是调息。（2.49）

呼吸的停顿可以在外，或在内，或完全停止不动。可以根据地点、时间和呼吸的次数加以调节，所以停顿可长可短。（2.50）

第四种调息是由专注于外部或内部对象而引起的呼吸停顿。（2.51）

这样，内在光辉的遮蔽物就被除去了。（2.52）

于是，心变得适合于专注。（2.53）

制感就是让心脱离感知对象，感官也随之脱离感知对

象，仿佛感官仿效心的性质。（2.54）

于是，达到了对感官的完全控制。（2.55）

第三章　力量篇

专注是将心固定在某一点上。（3.1）

冥想是持续地认知。（3.2）

在冥想中，似乎没有个体意识，只有对象显现，这就是三摩地。（3.3）

专注、冥想和三摩地这三支合在一起就是专念。（3.4）

掌握专念之法，可开启智慧之光。（3.5）

这种掌握必须循序渐进。（3.6）

与前面五支相比，这三支更加内在。（3.7）

但是，相比于无种三摩地，这三支依然是外支。（3.8）

潜在印迹升起时，就要有意识地约束它，以便让心再次回到受控状态。（3.9）

潜在印迹得到了约束，心也就处于平静之流中。（3.10）

消除了所有的精神涣散并且能够心注一处，此时就朝向三摩地迈进。（3.11）

进而，当过去减弱的潜在印迹和现在升起的潜在印迹变得一样时，就是心注一处。（3.12）

根据上述，五大元素和五个感官中的性质、特征和状

况之转变已经得到了解释。（3.13）

原质的本性分为潜在的、升起的和未显现的。（3.14）

各种进化都是由这些持续不断的变化造成的。（3.15）

专念于这三种变化，可获得过去和未来的知识。（3.16）

人们通常将一个词的声音、对其意义的感知和对此产生的反应这三者混为一谈，通过专念于此，就可懂得一切生物发出的声音。（3.17）

专念于潜在印迹，可获得前生的知识。（3.18）

专念于他人的观念，可知道他人的心。（3.19）

但不是他人的心的内容，因为那不是专念的对象。（3.20）

如果专念于一个人的身体形态，就可以阻止光和眼睛之间的接触，这个人的身体将隐而不现。（3.21）

这样，也可以解释他的声音（香、味、触等）的消失。（3.22）

有两种业，一种很快显现，另一种缓慢显现。专念于业，或死亡的征兆，瑜伽士可获知他离开身体的准确时间。（3.23）

专念于友谊等美德，便可获得其力量。（3.24）

专念于各种力量，如大象和其他动物的力量，便可获得那种力量。（3.25）

专念于内在之光，便可获得细微的、隐秘的或遥远之物的知识。（3.26）

专念于太阳，便可获得太阳系的知识。（3.27）

专念于月亮，便可获得星系排列的知识。（3.28）

专念于北极星，便可获得星系运动的知识。（3.29）

专念于肚脐，便可获得身体构造的知识。（3.30）

专念于喉咙，便可抑止饥渴。（3.31）

专念于龟脉，便可稳定。（3.32）

专念于头中的光，便可获得悉达的眼力。（3.33）

或者通过直觉知道一切事物。（3.34）

专念于心脏，便可获得有关心的知识。（3.35）

萨埵和原人是完全不同的。萨埵仅仅是原人的工具，而原人则是独立自存的。专念于原人的独立性，便可获得原人的知识。（3.36）

由此，产生直觉以及更高级的听觉、触觉、视觉、味觉和嗅觉。（3.37）

在世俗状态下，它们是力量；但是对于三摩地，它们是障碍。（3.38）

通过松开束缚之因、通过心的活动的通道知识，瑜伽士的精身能进入另一个人的身体。（3.39）

通过控制上行气，瑜伽士可以在水面、沼泽、荆棘或类似物体上行走，也可以飘浮在空中。（3.40）

通过控制平行气，瑜伽士周身可以放出光芒。（3.41）

专念于耳朵与空的关系，可获得超自然的听力。（3.42）

专念于身体与空的关系，身体变得轻如棉絮，瑜伽士可以在空中飞行。（3.43）

专念于脱离身体即“大无身”状态时心的波动，遮蔽了知识之光的所有遮蔽物都将被清除。（3.44）

专念于五大元素的粗糙、细微、本性、关系和目的，就可以掌控五大元素。（3.45）

由此可以获得让身体小至原子的力量以及所有其他类似的力量。这一完美的身体也不再受这些元素的阻碍。（3.46）

身体完美包括：美丽、优雅、有力量、坚如金刚。（3.47）

专念于认知过程、感官的本质、有我、三德的构成及其目的，便可掌控感官。（3.48）

这样，身体便获得像心意一样飞速移动的力量以及无须感官帮助而发挥作用的力量，并因此掌控原质。（3.49）

专念于萨埵与原人之间的分别，便可全知全能。（3.50）

不执着于这些力量，将摧毁束缚的种子，达到独存之境。（3.51）

受到天神的邀请时，瑜伽士既不要执着，也不要骄傲，因为他可能再次不受欢迎。（3.52）

专念于刹那以及刹那在时间中的连续，便能获得分辨的知识。（3.53）

由此可以区分两个极其相似的事物，就算它们的种类、特性和位置都一样。（3.54）

这种卓越的分辨知识是直觉性知识，能够同时在各种状态下理解各种对象。（3.55）

当萨埵如同原人一样纯粹时，就臻达独存之境。（3.56）

第四章　解脱篇

特别的力量可能与生俱来，也可以通过药草、念诵曼陀罗、苦行和三摩地获得。（4.1）

一种生命形态转变成为另一种生命形态，是因为原质的流动。（4.2）

农夫清除水渠里的障碍物以便让水自然流过；助因不会直接引起自然进化，它们只除去自然进化中的障碍。（4.3）

个体化的意识即心，源于有我。（4.4）

尽管心的活动多种多样，但那个最初的有我是它们的起因。（4.5）

在各种心中，只有经过冥想净化的心才能脱离潜在印迹。（4.6）

瑜伽士的业，既不是黑的，也不是白的。其他人的业则有三种：白的、黑的及两者的混合。（4.7）

由这三种业所产生的习性，只有在条件合适时才显现出来。（4.8）

由于记忆和潜在印迹在形态上是一样的，即使被出生、地点和时间所区分，它们之间也有一种连续的关系。（4.9）

由于生存的欲望是永恒的，习性没有开端。（4.10）

习性是由原因、结果、基础、对象结合在一起而形成的。如果这些全部消除，习性便被摧毁。（4.11）

过去和未来是实际存在的，因为根据它们的特征展示的时间，只是不同于现在。（4.12）

不管是显现还是未显，这些特征都属于三德。（4.13）

事物的实在性是由于三德转变的一致性。（4.14）

相同的对象在不同的心中以不同的方式被感知，因此心必定不同于对象。（4.15）

不能说对象依赖于某个人的心的感知而存在。因为如果是这样，当某个人的心不再感知它时，就可以说对象不存在了。（4.16）

对象是可知的还是不可知的，取决于心的状态。（4.17）

因为心的主宰即原人是不会变化的，所以它总能知道心的波动变化。（4.18）

心不是自明的，因为它是原人的感知对象。（4.19）

还因为心不能同时区分原人和感知对象。（4.20）

如果假定有第二个心来感知第一个心，那么就必须假定有无限个心，这会导致记忆混乱。（4.21）

尽管原人不变，但通过变成知觉的形态而知道自己的觉知。（4.22）

心，既受到见者的影响，也受到所见的影响，所以它

能够理解一切事物。（4.23）

尽管心被无数的习性所影响，但心只服务于原人，因为它只能和原人联合行动。（4.24）

那些看到心和原人之差别的人，永远不会再把心视为原人。（4.25）

当心倾向于分辨时，它就向独存迈进。（4.26）

人心对其分辨修习哪怕稍有放松，也会因为过去的潜在印迹导致精神涣散。（4.27）

可以用消除觉悟之障碍的同样方式来克服精神涣散。（4.28）

即使对最高的知识也毫无兴趣，这样的人因其达到了完全的分辨，而臻达法云三摩地。（4.29）

从此断除了痛苦，并摆脱了业。（4.30）

因此，也完全消除了所有的知识的遮蔽物和不纯。由于这一无限的知识，感觉所认识的一切都显得微不足道了。（4.31）

三德的连续变化由此结束，因为它们的目的已经达成。（4.32）

这一连续的变化发生在每一刹那，但只有到一个系列结束时才能被理解。（4.33）

当三德作为原质之属性不再服务于原人时，它们就消融于原质。这就是独存。原人作为纯粹意识，安住在其自身的本性中。（4.34）

瑜伽常用词汇

abhiniveśa　惧怕死亡，贪恋生命

Advaita Vedānta　吠檀多不二论

agni　火，火神，内在或灵性之火，阿耆尼，火原则

ahaṁkāra　私我，我慢

ahiṁsā　非暴力，不害

ajñā　眉间轮，额轮

ākāśa　空，以太

alabdha bhūmikatva　精神不集中

ālasya　懈怠

anāhata　心轮

ānanda　喜乐，阿南达，灵性之乐，神圣之爱

ānandamaya kośa　喜乐鞘

anavasthitattvani　注意力不稳定

antaḥkaraṇa　内感官，内在感官

apāna　下行气

āpas　水

āsana　坐姿，体位，体式

asmitā　有我，阿斯弥达

ātman　阿特曼，真我

avidyā　无明，无知

avirati　欲念

āyus　生命，包含了身体、感官、心意和灵魂的生命

Bhakti Yoga　虔信瑜伽，奉爱瑜伽，巴克蒂瑜伽

bhoga　享受

bīja mantra　种子曼陀罗，音节简单的曼陀罗，如唵

Brahma　梵神，大梵天

Brahman　梵，绝对实在

bhrānti darśana　妄见

buddhi　菩提，智慧

cakra　脉轮

cit-śakti　意识的力量

citta 心，心质，契达

cit　意识

darśana　哲学体系

deva　神

devi　女神

dhāraṇā　专注

dharma　达磨，法则

dhyāna　冥想

dīkṣā　启迪

doṣa　道夏，带来疾病和腐朽的因素，包括瓦塔、皮塔和卡法

Dvaita　二元论

dveṣa　厌弃，排斥，反感

Gāyatrī mantra　歌雅特瑞曼陀罗

guṇa　德，属性，包括萨埵、罗阇和答磨

guru　古鲁，灵性导师

Hanumān　哈奴曼，普拉那和虔信之神

Haṭha Yoga　哈达瑜伽，哈他瑜伽

homa　（吠陀）火祭，火供

iḍā　左脉

Indra　因陀罗，天帝

Īśvara　自在天，上帝，创造主

Īśvara praṇidhāna　敬神，交托给神

Īśvari　神母，自在天的女性方面

japa　念诵

jaṭharāgni　胃火，消化力

jīva　吉瓦，个体灵魂

jīvātman　解脱灵魂

Jñāna Yoga　智慧瑜伽

jñānendriya　感觉器官

jyoti　光

kaivalya　解脱，独存

kāla　时间

Kali　卡利女神

kāma　卡玛，欲望，爱欲

kapha　卡法（水）

Kāpila　迦毗罗，数论哲学之祖

kāraṇa śarīra　因果身

karma　业，羯磨，行动

Karma Yoga　业瑜伽，行动瑜伽

karmendriya　行动器官

kleśāḥ　痛苦，障碍，烦恼

kośa　鞘

Kṛṣṇa　克里希那，奎师那，黑天

kriyā yoga　克里亚瑜伽

kuṇḍalinī　昆达里尼，灵能，拙火

mala　不净

mahat　大，觉，玛哈特，宇宙智性

manas　末那，意，心意

maṇipūra　脐轮

manomaya kośa　心意鞘

mantra　曼陀罗，咒语

mantra yoga　曼陀罗瑜伽

mārga　道路，通道

māyā　摩耶，幻

Mīmāṁsā　弥曼差派

mokṣa　解脱

mudrā　身印

mukti　解脱，自由

mūlādhāra　根轮，海底轮

nāda　秘音

nāḍī　经脉，气脉

nāma　名

nirodha　控制

nitya　永恒的

niyama　劝制

Nyāya　正理派

ojas　奥伽斯，卡法的生命能量

OM　唵

paramātmā　超灵，至上自我

Patañjali　帕坦伽利，钵颠阇利，《瑜伽经》编撰者

piṅgalā　右脉

pitta　皮塔（火）

prakṛti　原质，自然

pramāda　冷漠，粗心，缺乏热情，放逸，不培养导致三摩地的方法

prāṇa　普拉那，能量

prāṇa yoga　普拉那瑜伽，能量瑜伽

prāṇāgni　普拉那之火，生命之火

prāṇamaya kośa　能量鞘

prāṇāyāma　调息

prārthana　祈祷

pratyāhāra　制感

prema　爱，神圣之爱

pṛthvī　地，土

pūjā　崇拜（仪式性的）

puruṣa　原人，普鲁沙，内在之灵，神我

puruṣārtha　人生四个目标，包括法（dharma，达磨）、利（artha，财富）、欲（kāma，欲望）和解脱

rāga　执着，吸引，贪恋

Rāja Yoga　胜王瑜伽

rajas　罗阇，激情

Rām（a）罗摩，毗湿奴的化身

ṛṣi　仙人，吠陀圣人

roga　疾病

rūpa　色，现象，表象

sādhana　修行，灵修，修习

sahasrāra　顶轮

samādhi　三摩地

samāna　平行气

saṁhitā　本集

saṁkalpa　意志，意图，动机

Sāṁkhya　数论哲学

saṁsaya　疑惑

saṁskāra　潜在印迹

sanātana dharma　永恒达磨，永恒之法

saṇtoṣa　满足

sat　存在

satsaṅga　同修，与圣者为伴，灵性联谊，萨德桑伽

sattva　萨埵，善良

satya　真实，不说谎

śakti　萨克谛，阴性能量

Śaṅkara　商羯罗

śānti　和平，平静，尚谛

śiva　希瓦，纯粹意识，神圣能量

siddhi　悉地，神力，能量，成就，心理力量

soma　苏磨，神圣甘露

sthūla śarīra　粗身

styāna　懒散

sukhamāyuḥ　好的生活、舒适的生活、快乐的生活

sūkṣma śarīra　精身

suṣumna　中脉

sūtra　经，线

svādhiṣṭāna　生殖轮

svādhyāya　研读

Svastikāsana　吉祥坐

tamas　答磨，愚昧

tanmātra　精微元素

tantra　坦特罗

tapas　苦行

tattva　真理，谛

tejas　特伽斯，皮塔的生命能量

trāṭaka　一点凝视法

udāna　上行气

Upaniṣad　《奥义书》

vairāgya　弃绝，不执

vak　圣言

vāsanā　习性

vāta　瓦塔（风）

vāyu　瓦予，风，风神，普拉纳的另一名字

Vaiśeṣika　胜论派

Veda　吠陀

Vedānta　吠檀多

vijñānamaya kośa　智性鞘

vikṛti　疾病与不和谐

vṛtti　波动，心意波动，心念波动，思想波动

viśuddha　喉轮

Viṣṇu　毗湿奴，爱和保护的神性力量

vyādhi　疾病

vyāna　遍行气

Vyāsa　毗耶娑

yajña　祭祀

yama　禁制

yantra　央陀罗

Yoga　瑜伽

Yoga Sūtra　《瑜伽经》

yoga nidra　瑜伽休息术

yogi　瑜伽士

yogini　女瑜伽士

后记

对瑜伽派哲学经典《瑜伽经》的研究前后经历了很多年。因为自己对瑜伽派的哲学认识在不断改变和深化，所以，尽管收集了大量的资料，也参悟其中的思想，但始终对自己的认识不够满意。

担任印度吠陀管理中心的名誉主任，使得我开始从生命管理的角度理解吠陀文化。帕坦伽利是吠陀仙人，他关心人的精神之成长，让人达到三摩地，最终达到原人和原质的分离，处于独存之境。这一思想是数论和瑜伽都持有的观点。数论和瑜伽的区别在于瑜伽重视通过实践来达成这一目标，而数论并不强调实践这一维度。

《瑜伽经》是瑜伽派最重要的经典，深入了解这一经典，有助于推动我们对瑜伽派哲学的认识。如果我们能结合时代特点，则可以挖掘《瑜伽经》中更大的智慧。

传统上，瑜伽关注人的生命垂直维度的发展，就是让人从无知走向知识，从黑暗走向光明，从束缚走向解脱。在吠陀文化中，和瑜伽有密切关系的是阿育吠陀。阿育吠陀是一种医学，类似于中医。通常来说，瑜伽和阿育吠陀被视为一对姐妹。印度很多人认为帕坦伽利编撰了三部作品，其中一部是《瑜伽经》，一部是阿育吠陀医学作品，还有一部是文法作品。这未必是真实的，但它暗示了瑜伽和阿育吠陀同时在一个人那里的整合。修习瑜伽和实践阿育吠陀是完全可以结合的。阿育吠陀主要关心生命的水平维度，就是关心人的身心健康。如果把瑜伽和阿育吠陀结合，那就是对人的身心灵的整体健康之关切。阿育吠陀不会拒绝瑜伽的崇高追求，同样地，从《瑜伽经》中可以看到，瑜伽也不会排斥对身体的关心。因为，人的疾病等会成为瑜伽发展的障碍。修习瑜伽，需要排除种种障碍。

在这一背景下，我们可以发现瑜伽和阿育吠陀都是对生命的科学管理。阿育吠陀偏向于这具肉身的管理，而瑜伽则偏向于人心（心意）的管理。今日大家所见到的瑜伽和历史上瑜伽派的瑜伽大相径庭。我们的研究让我们更真实地认识瑜伽的真实含义。

在这一研究中，我们参考了多种梵英《瑜伽经》版本，主要是下面一些圣哲和学者的版本：Swāmī Hariharānanda Āraṇya，Swāmī Veda Bhāratī，Edwin F.

Bryant，Reverend Jaganath Carrera, Swami Prabhavananda & Isherwood Christopher，Georg Feuerstein，B. K. S. Iyengar，Trevor Leggett，Shyam Ranganathan，Raphael，Howard J. Resnick，Swami Satyananda Saraswati，Swami Satchidananda，Swāmī Vivekānanda。本人并不精通梵文，但在比较多个梵英版本以及在对瑜伽哲学长期研究的基础上发现不同版本之间存在很多差异，也发现一些版本的理解存在不同程度的问题。我在比较和综合的基础上优化出一个梵中版本。首先，我们提供一个梵文经文，然后提供梵文拉丁化的经文，再提供适合普通人朗读的梵文拉丁化的经文，接着对每个梵文单词做了梵中对译，最后提供一个我们的中文经文翻译。希望这一工作可以为学界所接纳，也希望我们的注释有助于促进人们对《瑜伽经》的认识。

近年来，我的注意力转移到了阿育吠陀瑜伽上，所出版的一些书都可以服务于这一瑜伽，它们包括：《瑜伽是一场冒险》《阿育吠陀瑜伽》《哈达瑜伽之光》（增订版）《直抵瑜伽圣境》。读者面前的这部新翻译和注释的《瑜伽经》也同样服务于阿育吠陀瑜伽。

特别要感谢王东旭先生为我提供了梵文原文、拉丁化梵文，以及在我完成后对梵文单词的梵中对译进行了详细核对。感谢灵海在百忙之中校对了我的文本，提出了不少修订意见和建议。感谢陈俏娥女士一直以来对本书的关心和帮助。感谢刘从容女士在参加苏磨瑜伽高研班，听到我从生命管理学的角度解释《瑜伽经》时，给予充分的肯定和支持。还要感谢瑜伽界诸多朋友对我重新翻译、注释和研究《瑜伽经》的关心。

王志成

2019年1月30日于浙江大学

王志成简介

浙江大学教授、博士生导师，宗教学研究所所长

“瑜伽文库”主编

印度吠陀管理中心（Vedic Management Center）名誉主任

浙江省老子研究会副会长

研究和教学领域：瑜伽哲学、阿育吠陀瑜伽、吠陀生命管理学

代表性作品：《薄伽梵歌》《哈达瑜伽之光》《阿育吠陀瑜伽》《瑜伽是一场冒险》《直抵瑜伽圣境》《九种奥义书》

2011年中印瑜伽峰会特邀嘉宾，对话艾扬格大师

2016年G20期间受到印度总理莫迪先生接见

2018年湖南卫视《中国有瑜伽》节目顾问、评委

苏磨学院创始人，更多精华分享欢迎关注公众号：